인구는 내 미래를 어떻게 바꾸는가

'굿모닝 굿나잇'은 21세기 지식의 새로운 표준을 제시합니다.
이 시리즈는 (재)3·1문화재단과 김영사가 함께 발간합니다.

인구는 내 미래를 어떻게 바꾸는가

1판 1쇄 인쇄 2024. 12. 16.
1판 1쇄 발행 2024. 12. 27.

지은이 조영태

발행인 박강휘
편집 이혜민 | 디자인 정윤수 | 마케팅 이유리 | 홍보 이한솔
본문 일러스트 최혜진
발행처 김영사
등록 1979년 5월 17일(제406-2003-036호)
주소 경기도 파주시 문발로 197(문발동) 우편번호 10881
전화 마케팅부 031)955-3100, 편집부 031)955-3200 | 팩스 031)955-3111

ISBN 979-11-7332-039-2 04300
      978-89-349-8910-3 (세트)

홈페이지 www.gimmyoung.com   블로그 blog.naver.com/gybook
인스타그램 instagram.com/gimmyoung   이메일 bestbook@gimmyoung.com

좋은 독자가 좋은 책을 만듭니다.
김영사는 독자 여러분의 의견에 항상 귀 기울이고 있습니다.

이 책의 본문은 환경부 인증을 받은 재생지 그린LIGHT에 콩기름 잉크를 사용하여 제작되었습니다.

인구는 내 미래를 어떻게 바꾸는가

Demography

조영태 지음

Generation
Future
Conver
Expa

내가 디자인하는
삶과 세상

김영사

3장 인구학을 왜 알아야 할까?

'인구' 하면 어떤 단어들이 머릿속에 함께 떠오르나요? '저출산', '고령화', '수도권 집중'같이 '인구 현상'을 기술하는 단어가 떠오르는 분이 있을 거예요. 어떤 분은 '문제'라는 단어가 인구에 이어 바로 생각났을 거예요.

'인구 문제.' 인구는 사람들의 집합을 의미하는 단어인데, 어쩌다 많은 사람이 문제로 느낄까요? 아마 앞에 열거한 인구 현상이 매우 심각한 수준이기 때문일 겁니다. 2023년 우리나라 합계 출산율은 0.72로 전 세계에서 가장 낮은 수준이며,[1] 인구 5명 중 1명은 65세 이상입니다(놀랍게도 2024년, 65세 이상 고령자 비중이 1월 19.0퍼센트에서 매달 0.1퍼센트포인트 높아지고 있습니다!). 2024년 8월 서울, 인천, 경기, 즉 수도권에 주민등록을 둔 사람은 전체 국민의 절반이 넘는 50.8퍼센트나 됩니다. 청년(20~39세)은 56.0퍼센트나 되고요.[2]

인구를 문제로 보는 또 다른 시각도 있습니다. 바로 기후변화와 관련된 시각입니다. 날씨가 '미쳤다'는 표현을 쓸 정도로 매년 계절에 맞지 않는 이상 기온 현상이 심화되고 있습니다. 많은 사람이 기후변화의 원인 중 하나로 지구상에 너무 많은 사람이 살기 때문이라고 믿습니다.

그런데 인구를 문제로 보는 이 두 가지 시각에도 차이가 존재합니다. 저출산, 고령화, 수도권 집중을 지적한 시각은 국내 차원, 기후변화의 원인으로 지적한 시각은 글로벌 차원에서 보는 것이죠. 또 전자는 인구가 빠르게 줄어드는 것을 문제로 보는 반면, 후자는 인구가 빠르게 늘어나는 것을 문제로 봅니다.

그렇다면 인구를 좀 더 긍정적으로 보는 시각은 없을까요? 없을 리 있나요. 우리나라에서는 잘 사용하지 않지만 베트남, 인도네시아, 그리고 아프리카의 수많은 개발도상국에서는 '인구 배당금'이라는 용어를 자주 사용합니다. 나라에 교육을 잘 받은 젊은 사람들이 많으면 그만큼 경제가 성장하고 발전하는 데 도움이 되는 것은 당연합니다. 국가가 인구에 잘 투자해 배당금을 얻는 셈이니, 이런 인구는 많을 수록 좋습니다.

이와 같이 인구에 대한 시각은 인구의 어떤 측면을 보는지, 인구가 미치는 영향력의 경계를 한 나라로 한정하는지 아니면 글로벌로 확장하는지에 따라 달라집니다. 인구 자체를 어떻게 해석하는지에 따라 다양하게 활용될 수 있는 여지 역시 매우 큽니다. 단순히 국가와 사회 차원만이 아니라 시장에서 활동하는 기업은 물론 오늘을 살고 내일을 준비하는 개인도 인구를 꽤 유용하게 활용할 수 있습니다.

저는 이 책을 통해 인구를 어떻게 활용할 수 있는지 이야기 나누고자 합니다. 인구가 늘어야 하는지 줄어야 하는지, 우리나라의 저출산 현상을 해결하기 위해 정부는 어떤 정책을 펼쳐야 하는지, 외국인 노동자를 고용하면 생산 인구 감소 문제를 해결할 수 있는지, 혹은 기후변화에 인구가 영향을 미치는 부분이 얼마나 되는지 등 철학적이고, 정책적이며, 고차원적인 이야기는 가급적 다루지 않으려 합니다. 중요하지 않기 때문이 아닙니다. 이런 이야기들은 이미 시중에 나와 있는 수많은 인구 관련 서적이 주로 다루는 주제이므로 거기서 필요한 답을 구할 수 있을 겁니다. 여기서는 다소 '소프트'한 인구 이야기를 할 겁니다. 정부의 정책이 아니라 지금 자신이 하는 일에 활용하거나 미래의 진로를 준비하기 위해 인구를 살펴본다면 무엇을 고려해야 하는지, 혹시 다른 사람이나 기업이 인구를 잘 '활용'하는 사례가 있는지, 자녀를 어떤 인재로 키워야 하는지 등 우리 일상에서 궁금한 이야기를 다루겠습니다.

책을 읽다 보면 이런 생각이 들 수 있습니다. '이것도 인구 이야기야?' 맞습니다. 인구는 단순히 사람들의 머릿수가 아닙니다. 그들이 누구인지, 어디에 살고 있는지, 어디서 활동하는지, 사회경제적 특성은 무엇인지, 가족 구성은 어떤지 등 사람의 양적이고 질적인 특성 모두를 포함합니다. 그래서 인구에 관련된 이야기는 소위 '장르'를 넘나듭니다. 또 오늘과 미래를 동시에 대상으로 삼습니다. 요즘 학교나 기업에서 다양한 분야를 통섭하는 '융합형 인재'가 떠오른다는데, 인구 이야기야말로 '융합형' 이야기라고 자신 있게 말씀드릴 수 있습니다.

각 장을 읽고 나면 질문이 생겨날 것입니다. 실제로 제가 여러 연령대의 청중에게 같은 주제로 강연하면 많은 분들이 질문합니다. 그래서 각 장 말미에 강연에서 받은 질문 몇

가지를 제 대답과 함께 소개하겠습니다. 주로 고등학생부터 대학생까지 청소년과 청년에게 받은 질문들입니다.

지금부터 저와 함께 재미있는 인구 이야기를 나누어보시죠.

인구를 알면
미래가 열린다

1
바꿀 수 없는
인구의 미래

사람들은 미래를 참 궁금해합니다. 그리고 미래를 알지 못해 불안합니다. 우리는 개인의 미래가 어떻게 펼쳐질지, 그리고 가족의 미래는 어떨지 알고 싶어 하죠. 어떤 분들은 개인의 미래 못지않게 대한민국의 미래도 궁금해합니다. 국가의 미래뿐만 아니라, 앞으로 사회와 시장이 어떻게 변화할지 알 수 있다면 그에 맞추어 자신의 미래를 더 철저히 준비할 수 있기 때문이죠.

이 책에서 우리는 인구로 미래를 그려볼 겁니다. 인구로 대한민국의 미래를 상상하고, 자기 자신의 미래를 생각해보자는 거예요. 미래를 알기 위해 멀리 용하다는 타로집을 찾아가 줄을 설 필요도, 꾸며낸 이야기 같은 것에 돈을 쓸 걱

정도 없습니다. 인구는 그 어떤 데이터보다 명확한 지표로 우리가 살아갈 미래를 정확하게 예측해줍니다. 그렇다면 우리는 어떻게 기회를 잡을지 미리 계획하고, 미래를 더 잘 준비할 수 있겠죠.

인구는 정해진 미래

제가 2016년에 쓴 책 제목이기도 한데, 인구는 '정해진 미래'라 할 수 있습니다. 왜 그럴까요? 여기서 말하는 '정해진 미래'는 어느 대학에 입학하고 복권에 당첨되고 운명의 짝을 만나 결혼하는 등 개인의 미래가 아니라 바로 우리 '사회'의 미래입니다. 오히려 정해진 사회의 미래에 맞춰 계획하고, 선택함에 따라 내 미래를 바꿔나갈 수 있죠. 즉 개인의 미래는 각자 노력에 따라 변화할 수 있지만 사회의 미래는 인구 변화에 따라 큰 틀과 흐름, 규모, 방향, 그리고 시점이 결정되기 때문에 예측이 가능하다는 의미입니다. 예를 하나 들어볼까요?

우리나라 인구가 줄고 있다는 말, 들어보셨죠? 우리나라 내국인 인구는 2020년에 5,135만 명으로 정점을 찍었고, 2021년부터 감소하기 시작했습니다.[3] 2023년 합계 출산율은 0.72로 전 세계 최저점을 기록했어요.[4] 그럼 합계 출산율을 어떻게든 높이면, 인구가 다시 늘어날까요? 안타깝게도 이제 대한민국 인구가 증가할 가능성은 전혀 없습니다.

제가 이렇게 단언하는 이유는 인구 변동은 그만큼 반박 불가한 출생, 사망, 이동, 이 세 가지 요인에 의해 결정되기 때문입니다. 외국인을 제외하고 내국인 인구만 기준으로 한다면, 결국 출생과 사망만이 우리나라 인구 변동의 주요 요인이 됩니다. 그런데 우리나라는 이미 고령화되어 있고 태어나는 아기 수가 매우 적기 때문에 앞으로는 태어날 인구보다 사망할 인구가 더 많을 수밖에 없겠죠. 그래서 우리나라 인구는 계속 줄어들 수밖에 없습니다.

그런데 놀랍게도 우리나라 인구가 2021년부터 감소할 것이라고 36년 전에 뉴스에서 아주 정확히 예측했습니다. 1980년대부터 1990년대 중반까지 〈KBS 9시 뉴스〉의 메인 앵커로 활약했던 박성범이라는 분이 1988년에 보도한 뉴스로, 다음과 같이 예측했습니다.

여러 면에서 선진국 현상이 나타나기 시작했습니다. 인구 증가율이 1986년부터 1퍼센트 이하로 떨어졌는데,

출생 인구가 전체 인구의 1퍼센트 이하로 떨어지는 현상은 선진국에서 나타나는 현상입니다. 이 추세가 계속된다면 2021년부터 인구가 감소하는 현상이 나타날 것입니다.[5]

점을 쳐서 우연히 맞힌 것이 아닙니다. 앞서 말했듯 인구 변동은 출생, 사망, 이동으로 결정되는데 특히 그 당시에는 한국에 외국인 유입이 거의 없었고, 내국인의 이동도 일정한 편이었죠. 그래서 1980년대 중반 이후 출생과 사망 추세만 고려했을 때 충분히 예측 가능했던 겁니다.

그렇다면 앞으로 대한민국은 어떻게 될까요? 서울대학교 인구정책연구센터의 인구 추계 시뮬레이션에 따르면 2050년쯤에는 인구가 4,400만 명 정도로 줄어들고, 그 이후부터는 더 급격하게 감소해 2100년 정도에는 2,000만 명 이하로 떨어질 것으로 보고 있습니다.[6] 위기감을 조성하기 위해 연구센터에서 부정적으로 가정한 걸까요? 그렇지 않습니다. 저는 이 예측이 실현되리라고 믿고 있습니다. 1988년에 박성범 앵커가 보도했던 것보다 더 정확하게 인구 변동에 근거해 예측한 결과입니다.

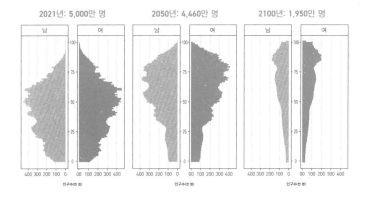

2021년: 5,000만 명　　　**2050년: 4,460만 명**　　　**2100년: 1,950만 명**

대한민국 인구 추계

　물론 과거보다는 외국인이 더 많이 들어오고 있으니, 미래에는 더욱 대규모로 유입될 것이라고 생각할 수도 있겠지만, 사실상 그럴 가능성은 매우 낮습니다. 우리나라 인구 감소세를 대체할 만큼 많은 외국인을 들여오는 건 제도상으로도 현실적으로도 어렵기 때문이죠. 그래서 내국인만을 기준으로 보면, 이런 인구 감소는 명확히 정해진 미래입니다.

　그런데 앞에서도 이야기했듯 이건 사회 전체의 미래지 '나'의 미래는 아니죠. 자신의 미래가 어떻게 펼쳐질지 상상하기 위해서는 단순한 인구 증감보다 더 중요한 요소가 있습니다. 바로 전체 인구가 어떻게 구성되어 있는지 살펴보는 인구구조입니다. 그 이유를 알아보겠습니다.

2
인구구조로
미래 시장 공략하기

인구구조와 중위 연령

다음 페이지에 세 개의 인구피라미드가 있습니다. 이 세 사회는 모두 같은 사회일까요, 아니면 다른 사회일까요? 당연히 인구구조가 다르기 때문에 서로 다른 사회입니다.

인구구조를 판단하는 중요한 기준 중 하나로 '중위 연령'이 있습니다. 중위 연령이란 전체 인구를 나이순으로 죽 세워 절반으로 나눴을 때 중간 지점에 해당하는 연령을 의미합니다.

첫 번째 피라미드에서는 중위 연령이 28세니까 인구의 절반이 28세보다 많고, 절반은 28세 미만이란 이야기죠. 굉장히 젊은 사회입니다. 그다음 피라미드는 중위 연령이

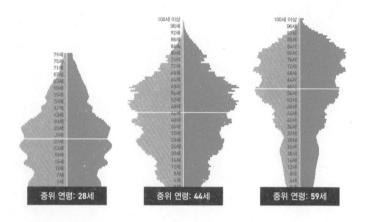

중위 연령: 28세   중위 연령: 44세   중위 연령: 59세

44세입니다. 마지막 피라미드는 중위 연령이 59세니까 매우 고령화된 사회라는 뜻이겠죠. 그럼 만약 사업을 한다고 가정했을 때, 이렇게 연령 분포가 다른 사회에서 각각 누구를 주요 대상으로 삼아야 유리할까요?

　시장은 규모의 경제를 중시하기 때문에, 주로 인구가 많은 연령대에 맞춰 전략을 세워야 합니다. 젊은 층이 많은 사회에서는 젊은 세대를, 고령화된 사회에서는 시니어를 공략해야 유리하겠죠. 물론 뒤에서 더 언급하겠지만 인구가 적더라도 소비 비중이 높은 층을 공략해 프리미엄 시장을 기회로 삼을 수도 있을 겁니다. 이 모든 것에는 인구구조를 얼마나 잘 파악하고 접근하는지가 중요한 역할을 합니다.

사실 이 세 가지 피라미드는 각기 다른 사회인 것은 맞지만 전부 대한민국의 인구구조를 보여줍니다. 첫 번째는 1991년, 가운데는 2021년, 맨 오른쪽은 2051년 인구 추계에 따른 피라미드입니다. 왜 모두 같은 나라인데 다른 사회라고 할까요? 저명한 인구지리학자 데이비드 로웬딜David Lowenthal은 이렇게 말했습니다. "과거는 다른 나라다! The Past is a Foreign Country!"[7] 연령 분포가 달라지고, 같은 연령에 다른 세대가 들어오는데 그들의 인구수도 다르면 그 사회는 과거와는 질적으로 다른 사회나 마찬가지라는 뜻입니다. 우리나라의 1991·2021·2051년은 인구수로 보나 질적 측면으로 보나 완전히 다른 사회인 것이죠. 한 국가도 시간의 흐름에 따라 인구구조가 변화하며 전혀 다른 사회가 되기 때문에 이에 맞게 준비해야 미래 시장을 효과적으로 공략할 수 있습니다.

육아 산업의 하락?

맨 오른쪽처럼 젊은 인구 부분이 홀쭉한 피라미드를 보면, 분명 이런 생각이 들 거예요. '태어나는 아이의 수가 줄어들면 당연히 미래의 영유아, 어린이, 청소년 관련 시장도 규모가 작아질 테니 관련된 사업은 하지 말아야겠다. 의대에 가더라도 소아과나 산부인과는 피해야겠군.' 그런데 인구는 숫자로만 따지는 게 아니라 '이 사람들은 누구이며 어떤 특징을 보일까' 하는 질적 측면도 고려해야 합니다.

우리나라 출생아 수 추이를 살펴보겠습니다. 1970년에 우리나라는 한 해에 약 100만 명의 아기가 태어났어요. 그러다가 소설 《82년생 김지영》의 주인공 같은 1982년생이 85만 명 정도 태어납니다. 2024년에 서른 살이 된 1994년생이 약 72만 명, 2025년에 대학 새내기가 된 2006년생이 약 45만 명씩 태어났습니다. 그런데 2023년에는 그 절반 정도밖에 안 되는 약 23만 명의 아기가 출생했어요.[8]

이렇게 출생아 수가 급격히 줄어들고 있고 언론에서도 매일 초저출산 이야기를 듣다 보면 영유아, 청소년과 관련된 시장은 어떤 업종이든 미래가 어둡겠다는 생각이 들 수밖에 없죠. 그러나 앞에서 말씀드렸듯 인구는 단순히 숫자만으로 판단할 수 없습니다. 한국섬유산업연합회에 따르면 놀랍게도 태어나는 아기는 계속 줄어들었지만, 반대로 출산과 육아용품 시장은 계속 커지는 추세라고 합니다. 아동복 매출액은 2020년 약 8,270억 원에서 2022년 약 1조 2,000억

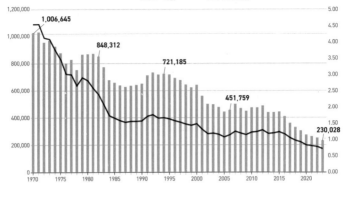

출생아 수 추이

원으로 2년 만에 45퍼센트나 증가했습니다.[9]

분명 출생아 수는 점점 줄어들어 규모의 경제가 성립될 수 없는데, 도대체 어떻게 된 일일까요? 유모차부터 시작해 옷, 이유식, 장난감, 아이 방에 놓는 가구까지 전부 프리미엄화되었기 때문입니다. 예전에는 가격대가 다양해 선택의 폭이 넓었지만, 이제는 모두가 비싼 육아용품을 선호합니다. 왜 이런 현상이 일어났을까요?

현재 아기를 낳는 가정을 살펴보면 그 답을 찾을 수 있습니다. 아이 낳는 것을 포기하는 사람이 늘어나 출산율이 저조한 대한민국 사회에서, 아이를 낳는 가정은 사회경제적

수준이 높은 경우가 많습니다. 〈한국노동패널조사〉라는 국가 통계가 있는데, 도시 근로자를 대상으로 1년에 1회 경제활동 및 노동시장 이동, 소득 활동 및 소비, 교육 및 직업 훈련, 사회생활 등에 대해 조사해 만든 자료입니다. 2022년에 가구 소득을 10분위로 나누었을 때, 소득이 낮은 1~3분위에서는 자녀가 없는 가구가 70퍼센트에 달한 반면 소득이 높은 7~10분위에서는 자녀가 있는 가구가 60퍼센트나 되었습니다. 한마디로 소득이 낮으면 자녀가 없을 확률이 높고, 소득이 높으면 자녀가 있을 확률이 높다는 의미입니다.[10]

출생아 수는 줄어들었지만 자녀가 있는 가정은 소득이 높아 소비력이 높고 자녀에게는 더 특별한 것, 더 고급스러운 것을 사주고 싶어 하는 부모들의 기대치로 육아·아동용품 시장이 프리미엄화된 것입니다. 전반적으로 소비자 수는 줄었지만 가격이 오르면서 시장은 오히려 성장하고 있는 것이죠. 이처럼 인구는 절대적인 '규모'도 중요하지만, '누가' 그 인구를 구성하는지 살펴봐야 합니다.

신혼 가전 시장의 대성공은 어떻게 가능했나

현재 우리나라에서 출생아 수만 줄어드는 게 아닙니다. 통계에 따르면 초혼 건수가 2000년대 30만 건에서 2013년까지 유지되다가 그 이후 급격히 줄어들었습니다.[11]

2019년 1월, S전자 가전사업본부에서 저를 찾았습니다. 당시 S전자는 가전 시장을 뒤흔들 제품을 준비 중이었는데, 그 제품이 바로 '비○○○'였습니다. 그런데 그들은 이 제품을 어떤 마케팅 전략으로 시장에 내놓아야 할지 고민하고 있었죠.

냉장고나 세탁기 같은 가전 구매는 결혼, 자녀 출생, 이사, 퇴직 등 생애 주기에 영향을 많이 받습니다. 생애 주기에 변화가 생겨야 가전을 새롭게 들이거나 바꾸기 때문입니다.

그런데 가전제품 구매는 역시 결혼에서 시작되죠. 즉 가전은 신혼부부가 구매하는 비율이 높은 품목이기 때문에 S전자에 신혼 가전 시장은 매우 중요했습니다. 그런데 혼인 건수가 감소하는 추세로 신혼 가전 시장이 축소될 것이라는 우려가 있었고 S전자는 마케팅 전략을 수립하는 데 어려움을 겪고 있었습니다.

'백색가전'이라는 말이 생겨났듯 당시 가전에는 흰색이나 주요 재질인 철의 색을 그대로 가져온 은색을 사용하는 것이 대세였는데, '비○○○'는 가전 색깔의 통념을 완전히 바꾸는, 당시로서는 매우 혁신적인 시도였습니다. (지금은 우리나라뿐 아니라 전 세계적인 추세가 되었지만요.) 당연히 혁신적인 시도는 젊은 인구 집단, 특히 신혼부부가 주로 받아들일 것으로 기대했습니다. 그런데 혼인 건수가 빠르게 줄어드는 추세 때문에 가장 중요한 마케팅 전략을 유지해도 좋을지 고민이 되었던 것이죠.

S전자는 제가 속한 서울대학교 인구학 연구실에 도움을 요청했습니다. 인구학의 여러 장점 중 하나는 인구 현상이 장래에 어떻게 변화할지 꽤 정확하게 예측할 수 있다는 것입니다. 연구 팀은 먼저 앞으로 매년 혼인 건수가 어떻게 바

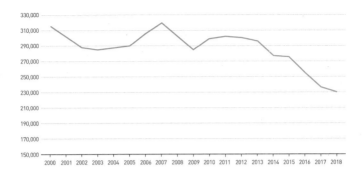

여성(20~44세) 혼인 건수 추이

뛸지 추계했습니다. 2013년까지 매년 30만 건 이상 유지되던 혼인 건수가 갑자기 줄어들어 2018년에는 23만여 건이었습니다. 그 추세가 앞으로도 계속될지, 아니면 감소세가 한풀 꺾일지, 혹시라도 늘어날 수도 있는지 알아야 신혼 가전을 마케팅 전략의 중심축으로 삼아야 할지 말지 판단할 수 있었기 때문입니다.

저희는 연구를 통해 혼인 건수가 2020년대 후반까지 20만 건 아래로 내려가지 않을 것으로 추계했습니다. 그런데 또 다른 질문이 생겼습니다. 혼인 건수가 급작스럽게 10만 건대로 떨어지지 않아 다행이긴 하지만 그래도 다시 늘어나지는 않으니 신혼 가전 시장에서 새로운 브랜드가 성공적으로 안착할지 여부에 대한 불안감은 여전히 존재했습니다.

인구학의 또 다른 장점은 인구 변동의 양적 측면만이 아니라 질적 측면도 함께 고려한다는 것입니다. 비록 혼인 건수가 줄어든 것은 사실이지만 어떤 이들이 결혼하고 아이를 낳는지 확인해주었습니다. 앞서 태어나는 아이 수는 줄었지만 아동용품 시장이 반대로 커지고 있다고 설명했습니다. 똑같은 현상이 혼인 시장에도 발생하고 있죠. 신혼부부는 대개 사회경제적 수준이 높은 중·상위 계층에 속해 있습니다. 그래서 S전자는 '비○○○' 브랜드를 프리미엄 가전으로 포지셔닝했고, 이 전략은 대성공을 거두었습니다.

물론 결혼하고 출산하는 데도 양극화가 발생하고 있다는 것은 사회적으로 우려할 일임은 틀림없습니다. 하지만 그에 대한 대책을 마련하는 것은 정부와 국회가 할 일입니다. 시장 주체는 변화되는 사회에 빠르게 적응하고 새로운 전략을 마련해야 마땅하겠죠?

인구의 질적 특성의 중요성

이 사례에서 볼 수 있듯 인구는 단순한 숫자가 아닌 '누가' 포함되는지가 중요합니다. 신혼부부 수는 줄어들었지만, 경제적으로 여유로운 가정에서 집중적으로 결혼하고 아이를 낳고 있어 프리미엄 시장은 오히려 확대되고 있습니다. 이런 방식으로 인구 데이터를 활용해 오늘의 시장 변화를 읽고 미래 시장을 예측해 준비하는 일은 정말로 중요합니다.

한 사회 안에서도 인구구조에 따라 지역마다 특성이 크게 다를 수 있습니다. 예를 들어 서울의 인구 구성은 부산 혹은 광주와 크게 다릅니다. 인구구조의 차이는 인구수에서의 차이 이상을 의미하고요. 인구 규모가 비슷해도 한 지역에는 젊은 세대가 많을 수 있고, 다른 지역에는 상대적으로 나이든 인구가 더 많을 수도 있습니다. 또 같은 서울이라도 25개 구의 인구구조가 다 다릅니다. 단순히 숫자만 다른 것이 아니라 각 구의 인구를 구성하는 사람들의 질적 특성도 다르다는 말입니다. 사회도 시장도 사람이 만들기에, 한 사회의 인구구조를 알면 사회나 시장을 분석하고 이해하는 데 큰 도움이 됩니다. 이제부터 이에 관련된 이야기를 들려드리겠습니다.

3
인구 변화로
미래 일자리 예측하기

인구는 막연하지 않다

많은 사람이 인구는 매우 막연하다고 생각합니다. 우리나라가 저출산, 고령화 사회라는 것은 알겠는데, 그래서 뭐가 어떻다는 건지 당장 체감하기 어렵기 때문입니다. 그런데 사실 인구처럼 구체적인 것도 없습니다. 앞서 2021년부터 우리나라 인구가 줄어들기 시작할 것이라고 정확하게 맞힌 1988년 뉴스 보도를 소개했습니다. 뉴스 보도가 예측한 것은 국가 전체의 인구인데, 사실 국가 수준만 아니라 서울특별시, 부산광역시, 경기도 등 17개 시도는 물론이고 그보다 더 작은 행정구역인 시군구 단위까지 아주 정확하게 미래 변화를 예측할 수 있습니다(통계청과 각 광역 지자체가 제공하는 인구통계로 확인할 수 있습니다).

그렇다면 우리는 이런 인구 변화를 바탕으로 미래를 어떻게 기획해야 할까요? 나 자신의 미래 방향성을 어떻게 설정해야 할까요? 부모님 혹은 선배들이 종종 말합니다. "엄마, 아빠가(선배가) 살아보니 좋은 직업은 이런 것이더라"라고요. 부모님이나 선배들의 조언을 무조건 따르는 게 정말 최선일까요?

인구학적 관점에서 말하자면 사실 '내'가 살아갈 미래 사회는 부모님이 살아온 세상과 같지 않습니다. 부모 세대가 살아온 특정한 시대적 환경과 내가 살아갈 미래는 같을 수 없겠죠. 게다가 앞에서 살펴본 1991·2021·2051년 대한민국의 인구구조가 완전히 다릅니다. 부모님이나 선배들이 겪은 사회가 현재 우리가 살고 있는 사회와 매우 다르고, 미래에는 그 차이가 더욱 커질 것입니다. 그렇기 때문에 부모님이 이야기한 '좋은 직업'이 앞으로도 계속 좋은 직업일지는 확실하지 않습니다. 이런 변화를 예측하는 데 큰 도움이 되는 것이 바로 인구 데이터입니다. 인구 변화를 통해 미래를 예측하고, 자신이 생각하는 직업이나 선택이 정말로 미래에도 좋을지 고민할 수 있습니다.

그러면 인구 데이터를 기반으로 미래를 예측하고, 부모님이 이야기한 '좋은 직업'이 자신이 살아갈 미래 사회에서도 정말로 최선일지, 아니면 새로운 선택지가 있을지 살펴보겠습니다.

노동시장 파이프를 좌우하는 인구

청소년과 청년층의 관심사 중 매우 중요한 것은 바로 취업입니다. 자신이 좋아하는 일과 관련된 직장에 다니거나 자기 사업을 하면 참 좋겠지만 세상은 그렇게 돌아가지 않는 것이 일반적이죠. 그렇다면 최소한 내가 선택하는 직업의 미래가 밝거나 그 직업이 오랫동안 가치를 인정받으면 좋겠는데, 그걸 알기가 좀처럼 쉽지 않습니다. 그래서 오늘의 관점에서 좋아 보이는 직업을 원하거나 자신보다 더 오랜 경험을 쌓은 부모님 혹은 선배들의 기준을 준용합니다. 미래를 판단 기준으로 삼고 싶은데 알지 못하니 오늘과 과거를 기준으로 삼는 것이죠.

미래를 예측하고 그 미래가 어떻게, 오늘과 얼마나 다르게 바뀔지 파악하는 데 인구만큼 간편하면서도 유용한 도구는 없습니다. 물론 인구가 미래에는 어떤 직업이 '잘나갈 것이다' 혹은 '아주 어려워질 것이다' 예측할 수는 없습니다. 하지만 인구는 사회와 시장을 구성하는 가장 중요한 요소인데, 언제 얼마만큼 어떤 방향으로 바뀔지 거의 정확하게 예측 가능하기 때문에 사회와 시장의 변화가 언제 어떻게 발생할지 가늠하는 데 큰 도움이 됩니다. 그러면 미래를 판단할 때 기준으로 삼을 수 있죠.

오늘날 청소년들이 미래에 겪을 일자리 상황을 인구로 한번 예측해봅시다. 요즘 많은 청년이 취업난을 겪고 있습니다. 왜 그럴까요? 노동시장은 연령으로 보면 파이프와 같습니다. 파이프는 한쪽이 뚫려 있어야 다른 한쪽에서 들어갈 수 있습니다. 노동시장 파이프의 한쪽은 장년층이고 다른 한쪽은 청년층입니다. 장년층에서 빠져나가야 청년들이 들어갈 수 있죠. 지금 노동시장 파이프를 보면 청년들이 새롭게 들어가기 어려운 상황입니다. 특히 대졸자 청년은 더더욱 어렵습니다. 그런데 오늘날 청소년들이 대학을 졸업하고 노동시장에 들어갈 2030년대가 되면 이런 상황은 완전히 뒤집힐 예정입니다. 한마디로 구직난이 구인난으로 바뀔 수 있다는 말입니다. 2024년 현재 노동시장 파이프 한쪽 끝을 차지하고 있는 장년층인 50대는 1960년대 중·후반에서 1970년대

초반 사이에 태어났습니다. 당시에는 한 해에 90만~100만 명이 태어났죠. 이 사람들이 대학에 들어갈 때 진학률이 30퍼센트대였습니다. 그러니까 각 연령대 90만~100만 명 중 약 30만 명이 대학에 간 셈이죠. 그중 70퍼센트가 남자, 30퍼센트가 여자였습니다.[12] 나중에 대학에 간 사람도 있겠죠? 2005년 이 사람들이 30대가 되었습니다. 당시 인구센서스(주민등록 여부와 관계없이 각 집에서 실제 살고 있는 사람들을 조사한 국가 통계로, 우리나라는 끝자리가 0과 5로 끝나는 해에 실시하고 있으며 공식 명칭은 '인구주택총조사'임)에 따르면 남자는 50퍼센트대, 여자는 40퍼센트대가 대학을 조금이라도 다녔습니다. 결국 대졸자 노동시장 파이프에서 2020년대 중반까지 생존한 장년층은 한 연령대에 약 80만~90만 명이고, 이 중 절반가량이 대학에 다녔으니 40만~45만 명 정도가 되는 것입니다.

오늘날의 청년들을 한번 볼까요? 1980년대 중반부터 1990년대 중반 사이에 태어났고, 한 해에 평균 약 70만 명이 태어났으며 80퍼센트가 대학에 진학합니다. 남녀 비율도 동일하죠. 그러면 한 연령에 대학에 다닌 청년은 50만 명대 중반입니다. 위 세대가 만들어놓은 대학 교육을 받은 수준의 일자리 수는 한 해에 40여만 개인데, 지금 청년들은 50만 명대 중반이 일을 원하니 노동시장 파이프에 진입할 수 없는 겁니다. 현재의 엄청난 구직난이 발생한 원인이죠. 물론 대학 수준의 학력을 원하지 않는 직업은 많습니다. 하지만 많은 사람이 대학까지 다녔는데 고졸자가 하는 일을 할 수는 없다고 생각하기 때문에 그만큼 일자리 찾기가 어렵죠. 그런데 이 심각한 구직난도 곧 변화를 맞게 될 것입니다. 그 변화가 나타나는 것은 언제일까요?

보통 25세에서 34세까지는 처음으로 노동시장에 진입하는 중요한 시기입니다. 남녀에 따라 1~2년 차이가 날 수 있지만 대학에 진학한다면 25~26세쯤 졸업하고 취업합니다. 요즘에는 처음 들어간 직장에 계속 근무하는 경우는 점점 줄어드는 추세죠. 자신이 원하는 직장과 일을 찾을 때까지 이직하는 사람이 많습니다. 앞으로도 그럴 것이고요. 그래도 대부분 30대 중반 이전에는 원하는 일과 직장을 찾겠죠? 그래서 25~34세를 새롭게 노동시장에 유입되고 구직 활동을 하는 사람들이라고 볼 수 있습니다. 그렇다면 현재 고등학생이 머지않은 미래에 맞닥뜨릴 노동시장의 경쟁 구도는 어떨까요?

2015년에는 이 연령대가 약 700만 명이었습니다. 그런데 2021년에는 약 50만 명이 줄어들었죠. 이때 감소한 인구는 주로 고졸자였습니다. 고졸자가 감소하면서 중소기업에서 일하는 고졸 인력이 줄어들었죠. 2021년부터 2026년까지는 이 연령대 인구가 큰 변화없이 650만 명 정도로 유지됩니다. 이 추이를 정중동靜中動이라고 표현해보겠습니다. '정'은 인구수가 유지된다는 의미이고, '동'은 직장 간 이동을 말합

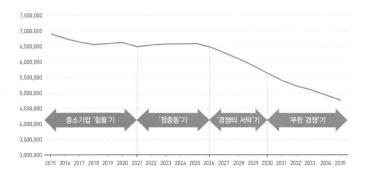

25~34세 내국인 인구의 수 변화[13]

니다. 앞에서 언급했듯 요즘 청년들은 한번 취업하면 그 직
장에 오래 머무르지 않고, 자주 이직하는 경향을 보입니다.
계속해서 자신에게 더 잘 맞는 직장을 찾아 나서는 현상이
나타나고 있죠.

그런데 2026년부터 상황이 매우 크게 바뀔 예정입니다.
2026년부터 2030년까지 4년 동안 약 90만 명이, 그 후 5년
동안에는 80만 명이 더 감소합니다. 즉 9년 동안 170만 명
의 노동시장 인구가 감소하죠. 이렇게 되면 노동시장은 지
금과는 완전히 달라질 수밖에 없습니다. 현재 고등학생들이
노동시장에 본격적으로 진입하는 때가 2030년대 초반입니
다. 그때는 지금과는 정반대의 경쟁이 펼쳐질 것입니다. 소

위 '경쟁의 서막'이라고 표현할 수 있는데요. 구직자 간 경쟁이 아니라 기업 간 경쟁입니다. 점점 무서운 속도로 줄어드는 인재를 확보하기 위한 치열한 경쟁이 벌어지겠죠.

미래 세대 부재: 신규 유입 인구의 급감

2005년생이 44만여 명 태어났습니다. 이들은 2030년 25세가 되어 노동시장에 들어가기 시작합니다. 대학 진학률은 70퍼센트대지만 n수를 포함해 25세 정도가 되면 80퍼센트는 대학에 다닌 사람들이 될 겁니다. 그러면 해외에 나간 사람들 혹은 사망한 사람들을 빼고 얼추잡아도 32~33만 명 정도가 대학을 졸업하고 노동시장에 들어오겠죠. 앞서 노동시장 파이프를 설명할 때 현재 50대 기성세대가 대학에 다닌 사람들의 일자리를 한 연령대에 약 40만 개 만들어놓았다고 이야기했습니다. 2005년생이 노동시장에 들어갈 때는 새롭게 유입되는 사람들이 파이프 크기를 다 채우지 못하게 됩니다. 일할 사람이 부족해진다는 뜻입니다.

25~34세 인구가 줄어들기 시작하는 2026년부터는 사람을 뽑기 어려워질 것으로 예측됩니다. 그래도 청년 인구가 모이는 수도권이나 광역시는 상황이 좀 낫겠지만 지방은

청년 노동력을 확보하는 것이 지금과 비교할 수도 없을 정도로 어려워질 전망입니다. 청년 인구를 원하는 곳은 기업만이 아니잖아요? 공공, 교육 등 모든 분야에서 청년을 유치하기 어려워집니다. 2030년이 지나면, 많은 사람이 선망하는 대기업조차 사람을 구하지 못하는 상황이 올 겁니다. 한마디로 현재 청년들이 겪는 구직난은 2026년 이후부터 점차 구인난으로 바뀌는 거죠.

사실 미래 노동시장을 생각할 때 가장 우려스러운 부분은 R&D 인력입니다. 바로 대학원 이야기입니다. 사람들은 직장을 구하기 쉬울 때 대학원에 갈까요, 아니면 구하기 어려울 때 대학원에 더 많이 갈까요? 대학원은 구직난이 심할 때 아주 좋은 대안이 됩니다. 반대로 일을 찾기 쉬워지면 대학원에 다니기보다 일을 찾고 경제활동을 하는 것이 일반적입니다. 물론 우리 청년들의 학구열이 매우 높기 때문에 여전히 석사나 박사 학위를 원하기는 할 겁니다. 그러면 전일제 대학원보다 직장에 다니면서 학위를 받을 수 있는 프로그램을 더 선호하겠죠. R&D 인재는 일반적으로 대학원에서 전일제로 실험과 실습을 하면서 소위 랩 생활을 통해 키워집니다. 전일제가 아닌 경우 R&D 인재로 성장하기가 쉽지 않죠. 전일제 대학원생 수가 줄어들면 그만큼 사회에 필요한 R&D 인재도 줄어들 수밖에 없습니다. 우리나라의 미래 먹거리는 글로벌 밸류 체인에서 가장 유리한 위치에 있는 첨단 제조업이나 과학기술 기반의 소재, 부품, 장비 제조에 달려 있는데 여기에 바로 R&D 인재가 필요합니다. 사람이 없어 국가의 R&D 역량과 국제경쟁력이 줄어들면 우리나라의 미래에는 희망이 사라질 것입니다. 2030년대 국가 전반의 인적자원 수급에 가장 중요하면서도 큰 문제로 대두될 분야가 바로 R&D입니다. 국가도 기업도 지금부터 고민이 필요한 거죠. 그런데 정말로 이런 상황이 펼쳐질까요? 아니면 인구통계가 예측하는 미래는 현실과 다를까요?

그 답은 대비 여부에 달려 있습니다. 인구통계가 예측하는 미래를 준비하면 위기는 발생하지 않을 것입니다. 몇몇 기업은 이런 인력 부족 현상(특히 R&D 인재)을 직감하고 준비하기 시작했습니다. 지금과는 크게 다를 노동시장을 예측하고 선제적으로 미래를 준비하는 기업들이 있습니다. 한 대기업의 반도체 사업부는 서울대학교와 함께 우수한 베트남 학생들을 유치해 대학원 교육을 제공하며 더 우수한 인재로 키우는 중입니다. 베트남 학생들이 성실하고 문화적으로 우리와 비슷한 점이 많은 데다 해당 기업은 베트남에서 크게 사업을 벌이고 있기 때문입니다. 당연히 유학생들의 교육비는 기업이 부담합니다. 우수한 인적자원에 대한 투자인 동시에 리스크를 선제적으로 줄이기 위한 노력입니다.

또 다른 사례도 있습니다. 아이폰과 테슬라 자동차에 들어가는 카메라 렌즈를 생산하는 한 기업이 최근 R&D 센터를 베트남 하노이에 세우기로 결정했습니다. 한국은 대학원생이 줄어드는 것이 정해진 미래이니, 석박사 학위를 보유한 인재를 상대적으로 적은 비용으로 채용할 수 있는 베트남에 R&D 센터를 세우는 편이 장기적으로 더 유리하다고 판단했기 때문입니다.

이처럼 미래의 노동시장은 부모 세대는 물론이고 청년들이 경험하는 노동시장과는 완전히 다른 모습이 될 것입니다. 지금 당장은 잘 체감되지 않겠지만, 그 변화는 분명히 일어날 것이고, 그때를 준비하는 것은 국가 차원에서도, 기업 차원에서도, 또 '나'라는 개인 차원에서도 매우 중요합니다.

바로 옆 나라 일본이 우리나라가 맞이할 이런 미래를 겪고 있습니다. 일본은 현재 '완전고용' 상태에 이르렀습니다. 사람을 뽑고 싶어도 없어서 채용하지 못하죠. 그래서 일본 기업들은 외국에서 사람들을 데려오고, 우리나라 청년들도 일본에 가서 취업하는 경우가 증가하고 있습니다. 일본 내 수많은 기업이 일할 사람을 필요로 하니, 그만큼 외국인도 쉽게 일자리를 구할 수 있는 거죠.

이런 노동시장 현상은 정해진 미래예요. 바꾸지 못하는

미래입니다. 그래서 현재 고등학생 아래 세대가 앞으로 대학을 졸업하고, 취업을 준비할 때는 현재 청년들이 겪는 현실과는 전혀 다른 세상을 직면하게 될 것입니다. 만약 이렇게 취업 시장의 문턱이 낮아진다고 하면, "나는 아무 직업이나 선택해도 다 잘될 수 있는 건가?"라고 생각할 수 있겠죠. 물론 아무 직업이나 괜찮다면 지금과 비교해 더 쉽게 직업을 찾을 수 있습니다. 하지만 "잘될 수 있는 건가?"라는 질문에 대한 답은 '당연히 그렇지 않다'입니다.

우리나라의 산업구조는 앞으로 제조업에만 집약되지 않고 문화, 서비스 등 거의 모든 산업 분야에서 더더욱 첨단 과학기술이 뒷받침되어 풍부한 상상력을 필요로 하는 방향으로 변화할 것입니다. 스스로 얼마나 준비되어 있는지에 따라 인적자원의 상대적 가치가 달라지겠죠. 그렇다면 어떤 준비를 해야 할까요? 앞으로 어떤 직업이 좋은 직업이 될까요?

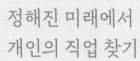

4
정해진 미래에서
개인의 직업 찾기

법조인과 의료인 사례

현재 우리나라에서 선망받는 직업은 무엇일까요? 이제는 문·이과 구분이 없어졌지만, 우리 머릿속에는 여전히 그 구분이 존재합니다. 어린 자녀를 둔 사람들은 대부분 자녀의 진로로 둘 중 하나를 생각하죠. 자녀가 인문·사회과학 계열이면 법조인, 수학을 잘하고 이과 계열로 진학한다면 의료인을 목표로 삼습니다. 특히 공부를 잘하면 잘할수록 더욱 그런 경향이 강합니다. 학생 본인의 적성을 고려하기보다 부모 혹은 주변에서 그래야 한다고 부추기죠. 지금까지 대한민국 사회에서 의사와 법조인은 경제적으로도 안정되고 사회적으로도 인정받아온 것이 사실입니다. 하지만 앞으로도 그럴지 질문을 던져보아야 합니다.

법조인의 미래

2023년 새해 많은 법조인을 대상으로 〈법률신문〉에 특별 기고를 했습니다. 인구학적으로 봤을 때 미래에도 우리나라에서 법조인의 지위가 굳건할지에 대한 내용이었습니다. 그 내용을 요약하면 이렇습니다.[14]

일반적으로 좋은 직업은 희소성이 있어야 합니다. 또 누구나 쉽게 대체할 수 없는 전문성이 필요하면 더 좋습니다. 그리고 시장이 계속 커져야 합니다. 여기에 다른 분야나 기업과의 연동성이 높아 융합을 통해 부가가치를 높이고 시장 확장성까지 갖췄다면 그 직업은 더욱 매력적이겠죠. 특히 시장이 국내만 아니라 글로벌 시장으로 확장된다면 그 직업의 가치는 계속 커질 겁니다. 만일 공동체에 기여까지 할 수 있다면 금상첨화입니다. 이런 조건을 갖춘 직업이야말로 최고의 직업이라 할 수 있습니다.

이런 관점에서 법조인의 미래는 과연 어떨까요? 저는 기고문에서 법조인을 의료인과 비교했습니다. 현재 우리나라에서 활동하는 변호사는 약 3만 명인데, 그들 중 50퍼센트 이상이 2012년부터 배출된 법학 전문 대학원(로스쿨) 출신입니다.[15] 로스쿨이 2009년에 생겼고, 로스쿨 출신 첫 변호사가 2012년에 배출되었으니, 2023년 기준으로 볼 때 12년 만에 전체 변호사 중 절반을 로스쿨이 배출한 셈입니다. 매년 1,500명 정도의 신규 변호사가 배출되고 있으니 앞으로 변호사 수는 계속 증가하겠죠. 특히 변호사는 일반 직장인과 달리 정년이라는 제도에서 자유로우니 60세가 넘어서도 계속 활동할 겁니다. 그렇게 되면 활동하는 변호사 수가 4만, 5만 명이 되는 것은 시간문제입니다. 다른 말로 '희소성'이 매우 떨어집니다.

변호사 시장도 인구구조의 영향을 받습니다. 법적 소송을 한번 생각해볼까요? 앞으로 고령 인구 비중은 절대적, 상대적으로 높아져갈 것입니다. 고령자가 많아지면 민사소송 건수가 늘어날까요, 줄어들까요, 아니면 변화가 없을까요? 당연히 줄어듭니다. 활동량이 감소하면 사람들 간에 분쟁과 갈등이 발생할 가능성도 줄어들 수밖에 없겠죠. 물론 가족 간 상속 증여와 관련된 소송은 지금보다 늘어날 겁니다. 그러나 타인과의 갈등에서 발생할 민사소송 건수는 크게 줄어들 가능성이 매우 큽니다. 형사소송은 어떨까요? 이건 사실 더 간단합니다. 범죄율, 특히 상해·치상같이 타인에게 손상을 입히는 강력 범죄율은 고령자가 많아지면 더 증가할까요? 아니겠죠.

결국 빠른 고령화와 함께 대한민국 법조인이 활동할 시장이 곧 작아지거나, 최소한 지금보다 더 커질 가능성은 없을 겁니다. 그런데 여전히 매년 1,500명의 변호사가 법조 시장에 들어오고 있습니다. 게다가 AI와 머신러닝이 등장하면서 법조인의 역할도 변하고 있죠. 과거에는 법조인 한 명이 맡은 사건을 위해 여러 명의 법률 보조 인력이 필요했지만, 이제는 AI가 법률 자료를 그 누구보다 빠르게 찾아주고, 과거 판례도 자동으로 분석해줍니다. 이런 기술의 발전이 젊은 변호사와 로펌을 운영하고 있는 시니어 변호사 중 누구에게 더 유용할까요? 시니어 변호사에게 더 유리하겠죠. 시니어 변호사는 나이가 들면 은퇴했는데, 이제부터는 경력과 더불어 더 오래 활동할 수 있는 도구가 생겼습니다. 굳이 은퇴할 필요가 없겠죠. 이렇게 기술의 발전은 이미 자리를 잡은 변호사에게 더 유리하게 작용할 겁니다. 경력이 꽤 있는 시니어 변호사에게는 이런 상황이 나쁘지 않겠지만, 새롭게 진입하는 변호사들에게는 여러 제약이 있어 쉽지 않습니다.

열심히 공부해서 변호사가 되면 성공할 줄 알았는데, 활동할 시장 자체가 너무 작은 거죠.

의료계의 미래

의료계는 어떨까요? 고령자 수가 늘어나면 의료계에는 호재일까요? 통계청의 〈장래인구추계〉를 보면, 의료 서비스가 자주 필요한 연령인 80세 이상 인구가 2025년 약 248만 명에서 2070년 약 811만 명까지 증가할 예정입니다.[16] 물론 모든 고령자가 의료 서비스 대상자는 아니죠. 또 지금보다 더 건강하게 시니어 시기를 보내는 고령자도 많을 겁니다. 그래도 법조 시장과 달리 성장할 가능성은 매우 큽니다.

확장성 측면에서도 한번 살펴보겠습니다. 의료계는 보건 산업과 매우 밀접하게 연결되어 있습니다. 코로나19 팬데믹 기간에 확실히 확인한 점이 있습니다. 바이오 메디컬 시장은 국내로 한정되지 않고 글로벌로 확장되기에 매우 좋은 시장이라는 사실입니다. 인종은 달라도 사람은 생물학적으로 동일합니다. 신약과 새로운 의학 기술이 개발되면 한 나라 국민을 넘어 글로벌 사회 전체가 대상이 될 수 있습니다. 엄청난 시장 확장성을 갖춘 셈이죠. 게다가 의학은 생명공학, 공학, 데이터 사이언스 등 다양한 분야와 융합하기 좋은 학문입니다. 융합하면 가치가 배가되겠죠. 의학 하나만으로도 창출되는 부가가치가 높은데, 다른 학문과 융합되었을 때 설명이 필요 없을 정도로 부가가치가 높아질 수 있습니다. 의학은 확장성과 융합성에서 발전할 가능성이 높은 학문 분야임에 틀림없습니다.

확장과 융합의 가능성

법조계의 확장성과 융합성은 어떨까요? 법조 시장이 우리나라를 넘어 해외로 확장될 수 있을까요? 물론 대형 로펌은 미국, 일본, 베트남 등지에 현지법인을 두고 영업하고 있습니다. 활동 시장을 확장했다 볼 수도 있겠지만, 사실 그렇지만은 않습니다. 현지법인은 대부분 현지인에게 의뢰받기보다 현지에 파견된 우리 기업들의 문제를 해결해주는 일을 주로 합니다. 확장이라기보다 연장이라고 보는 편이 더 맞겠습니다. 타 학문 분야와의 융합과 이를 통한 부가가치의 창출은 더더욱 쉽지 않습니다. 법조인들이 시장을 확장하는 다른 영역이 하나 있네요. 바로 정치입니다. 그런데 그걸 확장으로 봐야 할까요?

그러면 법조계의 미래는 밝을 수 없다는 말일까요? 그렇지 않습니다. 앞에서 언급한 법조계의 확장성과 융합성은 현재 국내 법조 시장의 모습을 중심으로 생각해본 것입니다. 인구의 질적, 양적 변화로 미래 시장은 기존 시장과는 완전히 달라질 것입니다. 그런 변화에 맞춰 법조계도 확장성과 융합성을 충분히 고안해낼 수 있습니다.

과거에는 사법시험을 통과한 변호사라는 사실만으로도 전문성을 인정받았습니다. 그러나 이제는 그것만으로는 충분하지 않습니다. 변호사 자격증은 기본이고, 그에 더해 확장과 융합이 가능한 또 다른 전문성을 쌓아야 합니다. 더 많은 공부와 지식이 필요하다는 뜻입니다.

예를 들어보겠습니다. 글로벌 시장에서 바이오산업은 점점 더 커지고 있고 앞으로도 더 커질 것이 분명합니다. 우리나라 기업들도 글로벌 바이오 시장에 빠르게 진출하고 있죠. 새로운 산업으로 하나의 국가를 넘어 글로벌 시장을 개척하려면 해외에서 통용되는 기업과 기술의 법적 인프라가 필요합니다. 그 인프라를 어떻게 구축하는지에 따라 우리나라 바이오 기업의 시장이 어디까지 확장될 수 있는지 결정되겠죠. 이 인프라를 만들 수 있는 사람이 바로 법조인입니다. 그런데 우리나라 변호사 면허만으로 글로벌 시장에서 바이오 인프라를 구축할 수 있을까요? 이 산업에 필요한 법조인이 되려면 바이오에 대한 지식이 필수입니다. 단순히 변호사로서 법률만 알면 되는 것이 아니라, 바이오 분야에 대한 전문적 지식까지 갖추어야 합니다. 그렇게 되면 변호사로서 새로운 영역을 개척할 수 있겠죠.

대형 로펌들이 베트남이나 미국에 지사를 두고 활동하는 것과 무엇이 다를까요? 전문성과 확장성에서 완전히 차이 납니다. 여기서 전문성은 해당 국가의 법률 전문가가 되는 것을 의미하지 않습니다. 한국이든 미국이든 베트남이든 법조인이 그 나라 법률을 아는 것은 당연합니다. 법조인으로서 자신이 몸담은 산업에 대한 전문 지식을 말합니다. 또 바이오산업의 글로벌 시장 구조와 메커니즘에 대한 전문성도 갖춰야 하죠. 해외에서 성장하고 있는 새로운 산업이 무엇인지, 그리고 법무 영역을 어디까지 확장할 수 있는지 고민해봐야 합니다. 국내에서만 끝낼지 아니면 글로벌 시장으로 나아갈지 생각해봐야겠죠. 물론 법률 자격증은 우리나라에서만 유효하지만, 우리나라 바이오 기업이 글로벌 시장을 개척하며 새로운 영역으로 확장할 수 있는 전문성으로 무장한다면, 법조인은 글로벌 시장에서도 무궁무진한 경쟁력을 갖출 수 있습니다.

"이제 법조계는 시장이 작아질 테니 해외에 진출할 필요가 있는데, 그게 어렵다고 생각한다면 법학 전문 대학원에 가지 말고 다른 직업을 찾으세요"라는 결론을 내리려는 것이 아닙니다. 다만 변호사가 되는 것을 궁극적인 인생의 목표로 잡고 안주해서는 안 된다는 것입니다. 변호사라는 직업을 넘어, 새로운 전문성을 갖추어야 미래 시장에서 살아남을 수 있습니다.

앞에서 비교하기 위해 의료계는 법조계보다 사정이 더 낫다고 했지만 사실 의사도 마찬가지입니다. 최근 사회적으로 큰 이슈가 되었고 아직 갈등을 해결해나가야 하지만 의대 입학 정원이 늘어났습니다. 앞으로 의사 수가 매년 지금보다 1,000명 이상 더 늘어날 테니 의사가 되는 문은 점점 더 넓어질 것이 확실하죠. 그렇다면 어떤 의사가 되면 좋을까요?

의사를 꿈꾸는 청소년들은 아마 '노인이 많아지니까 자리 좋은 곳에 병원을 개업하면 앞길이 탄탄할 것이다'라고 생각할 겁니다. 부모님도 그런 길을 응원하겠죠. 지금까지는 가능했고 시장 규모가 충분했습니다. 하지만 앞으로 의사가 매년 1,000명 이상 늘어나면 변호사와 똑같은 현상이 발생하지 않을까요? 공급자가 많아지면 그중 하나인 '나'의 시장은 작아질 수밖에 없습니다. 물론 고령자가 증가하면서 의료 서비스 수요도 증가하겠지만, 고령자가 많아진다고 그들 모두에게 의료 서비스가 반드시 필요할 것이라는 생각은 과거에나 통했습니다.

의료 서비스 수요에서 세대 간 차이를 밝히는 서울대학교 인구정책연구센터의 최근 연구는 60대 베이비 부머들이 향후 70대가 되었을 때 현재의 70대와 비교해 1인당 의료 서비스 수요가 크게 줄어들 가능성이 높다는 것을 밝혀냈습니다.[17] 그 이유는 베이비 부머들이 이전 세대에 비해 술을 덜 마시고 담배도 덜 피우며 운동을 많이 하고 건강검진을 더 잘 받아서 70대가 되어도 건강을 유지할 사람이 많아질 것이기 때문입니다. 게다가 소위 목 좋은 곳에 개업하는 의사가 수도 없이 많을 테니 희소성도 점점 낮아집니다. 그러면 의사가 되지 말아야 할까요?

앞서 언급한 법조인과 마찬가지로 의사의 꿈을 꾸는 청소년들에게 의사가 되지 말라는 이야기를 하려는 것이 아닙니다. 의사가 되고 싶고 열심히 노력하고 있다면 의사가 되어야 합니다. 단지 동네 의원을 목표로 삼기보다 의학 지식을 갖추어 글로벌로 진출할 방법을 생각해보면 좋겠습니다. 예를 들면 '의사 과학자'는 어떨까요? 앞서 말했듯 글로벌 바이오산업은 성장할 수밖에 없는 분야입니다. 법조인이 그 시장의 인프라를 구축한다면 의사 과학자는 전문적인 의학 지식을 기반으로 바이오산업의 펀더멘털을 창조해낼 수 있습니다. 만약 단순히 동네 개인 병원 개업만 꿈꾼다면 그런 기회를 절대 잡을 수 없습니다. 우리가 생각해온 동네 '의사'가 아니라 의학과 융합되어 새로운 부가가치를 창출할 수 있는 과학자로 성장해야 합니다. 이제는 다들 융합 시대라고 하죠. 융합 시대에는 전문가라 하더라도 혼자 모든 것을 해결할 수 없습니다. 뛰어난 학생들이 의대에 진학해 생명을 살리기 위해 공부하고 의사가 되는 건 좋은데, 단순히 의사가 되겠다는 목표로만 끝나서는 안 됩니다. 데이터 사이언스를 배우거나, 농업 혹은 공학 분야와 융합하며 글로벌 시장을 이해할 수 있어야 합니다. 인구구조의 변화상 내수시장은 축소되겠지만, 글로벌 시장은 계속 커질 것이기 때문입니다.

Q1 저는 교육 분야에 관심이 있습니다. 인구가 줄어들고 있으니 당연히 학생 수도 줄어들어 교육 시장 또한 소비층이 줄어들 거라고 막연히 생각하고 있습니다. 교육 시장에서 성공하려면 어떻게 방향을 잡아야 할까요?

—

A 맞습니다. 학생 수가 감소하기 시작했습니다. 우리나라에 대학이 많은데, 몇 년 후엔 학생 전원이 서울권 대학에 다닐 수 있으리라고 예측할 정도로 학생 수가 줄어들 것입니다. 그렇다면 지방 대학에는 학생들이 원서를 내지 않겠죠. 인구가 줄어들면 사람들이 수도권으로 더 많이 몰리게됩니다. 교육 시장도 수도권에 더욱 집중되겠죠. 그렇다면

이런 모습만이 전부일까요?

2024년에 초등학교에 입학한 아이들은 2017년에 태어났습니다. 2017년에는 약 35만 명의 아기가 태어났습니다. 이때부터 출생아 수가 40만 명대에서 30만 명대로 급격하게 떨어졌어요. 2018년에는 30만 명, 2019년에 20만 명대로 떨어집니다. 왜 단기간에 급격하게 출생아 수가 줄었을까요? 경제적으로든, 정서적으로든 준비되어 있지 않다 느끼면 결혼하지 않고 아기도 낳지 않으려고 하기 때문이에요. 나름대로 준비한 사람들이 아기를 낳고 있어요. 아기를 낳기 위해 준비한 부모라면 자기 자녀에 대한 기대치도 높겠죠. 이걸 '준비된 부모-완벽한 자녀 신드롬'이라 부릅니다.[18] 자녀가 초등학생이 되었을 때 부모가 원하는 교육이란 무엇일까요? 대학 입학 정원이 학생 수보다 많아지는 게 현실인데 굳이 한국에서 수능 보고 대학 가려고 하지 않을 거예요. 글로벌 시장으로 눈을 돌릴 수밖에 없죠. 계속 지금 같은 형태의 교육을 공급하지는 않을 거라는 이야기예요. 대학 입시가 아닌 글로벌 무대를 배경 삼아 공부하고 취업하는 것을 목표로 삼는 교육 콘텐츠를 제공하겠죠. 교육을 소비하는 고객 단가는 당연히 오릅니다. 그러면서 교육 시장도 프리미엄화되겠죠.

교육 시장은 글로벌로 확대될 수 있을까요? 국가별로 교육제도가 제각각이니 쉽지 않을 것입니다. 하지만 그렇다고 완전히 불가능하지만은 않습니다. 특히 우리나라 교육 시장이 커질 때 나타난 인구 변동과 교육 수준 향상을 경험할 것이라고 예측되는 나라가 있다면 그 나라의 교육 시장은 글로벌 확대의 대상이 될 수 있습니다.

베트남 교육 시장을 살펴보겠습니다. 베트남은 한 해에 150만~160만 명의 아기가 태어나고 있습니다. 최근 저희 연구 팀이 베트남 영유아 시장을 연구했는데 깜짝 놀랐습니다. 베트남의 1인당 국민 총소득GNI은 2022년 기준 우리나라의 8분의 1 정도인데,[19] 베트남 부모는 자녀에게 투자를 엄청나게 많이 하고 있었습니다. 두 가지가 주된 관심사였는데, 하나는 키이고 또 다른 하나는 교육이었습니다. 1990년대와 2000년대, 우리나라도 자녀를 키울 때, 아이가 키가 커야 하고, 똑똑해야 한다며 비타민, 칼슘, DHA 등을 많이 먹였습니다. 여러분이 어릴 때 먹던 비타민이나 칼슘 등이 베트남 시장에서 선풍적인 인기를 끌고 있어요. 이렇게 키 크고 똑똑하게 키우면 자녀가 결국 공부를 잘해야 해요. 국가가 성장하고 경제가 발전하면서 베트남도 고등교육을 받은 사람들에 대한 수요가 커질 수밖에 없습니다. 교육 수준에 따른 소득 격차도 지금보다 더 커질 것이고요. 하지만 대졸자를 필요로 하는 시장이 마냥 커질 수는 없습니다. 대학에 가는 사람들은 늘어나는데 대졸자를 원하는 직장 수가 증가하는 속도가 더디면 경쟁이 심해질 수밖에 없습니다. 우리나라가 이미 경험한 일이죠. 경쟁이 더 심화되면 가정에서는 교육에 투자할 수밖에 없습니다. 현재 베트남 중산층은 가구 수입의 약 20퍼센트를 자녀 교육에 지출하고,[20] 주요 도시에서는 가계소득의 47퍼센트까지 교육비로 지출합니다.[21] 앞으로 그 비중은 점점 더 커질 수밖에 없죠. 이미 베트남의 교육 시장은 매년 10퍼센트 이상 성장하고 있어요.[22]

물론 베트남 교육 시장이 커진다고 해서, 우리나라 교육 공급자들이 들어가 무조건 성공할 것이라고 생각해서는 안 됩니다. 그 나라의 교육 시스템과 관련 문화, 대입 제도, 교육열이 유독 높은 우리나라 대치동 같은 지역적 특성 등 다양한 조건에 대한 사전 학습과 분석이 우선되어야 합니다. 베트남 교육 공급자들과 경쟁을 벌이는 것은 말할 것도 없고요.

Q2 대한민국의 국제사회적 지위가 인구의 미래에 어떤 영향을 미칠 것이라고 생각하시나요?

—

A 많은 청년들이 '헬조선', '탈조선'을 이야기합니다. 청년들의 기대치가 있는데 대한민국 사회가 거기에 부응하지 못하기 때문이겠죠. 그런데 아이러니하게도 해외에 나가면 대한민국의 위상이 매우 높다는 것을 깨닫게 됩니다. 어느 나라를 가도 K-팝, K-드라마 이야기를 합니다. 얼마 전까지만 해도 한국에서 왔다고 하면 남한 사람이냐 북한 사람이냐는 소리를 들었는데, 지금은 반가워하고 물건까지 할인해줍니다. 이런 경험을 하고 나면 어깨에 소위 '국뽕'이 가득 찹니다. 그러고는 우리나라로 돌아오면 '헬조선', '탈조선' 생각이 듭니다.

참 이상한 일이죠? 그런데 이상할 것 없습니다. 노동이든 상품이든 시장은 내수와 글로벌로 나뉩니다. 이런 상황은 내수시장에서 겪는 어려움과 글로벌 시장에서의 경쟁력을 있는 그대로 방증하는 것입니다.

앞으로는 어떻게 바뀔까요? 인구 고령화와 청년 인구의 지속적 감소는 내수시장을 어렵게 할 가능성이 큽니다. 하지만 반대로 글로벌 시장에서 K-컬처의 영향력은 더 커질 수 있습니다. 인구의 미래는 정해져 있기 때문에 내수시장의 방향을 바꾸기는 매우 어렵습니다. 하지만 글로벌 시장은 기본적으로 규모의 경제가 보장되기 때문에 글로벌 시장 경쟁력이 더 커질지 여부는 그야말로 우리에게 달려 있습니다. 우리가 얼마만큼 글로벌 시장 전략을 잘 짜고 접근하는지에 따라 지금보다 K-컬처의 영향력이 더 커질 수 있죠.

그렇게 되면 청년들이 더 해외로 나가 살고 싶어 해 한국을 떠나지 않겠냐고요? 인구가 줄어들고 초고령화 문제가 논의되는 지금, 오히려 우려해야 할 일이 아닐까요? 이런 질문에 이렇게 반문하고 싶습니다. 청년들이 더 좋은 곳을 찾아가는 것은 당연한 일 아닐까요? 이렇게 반문하는 이유가 두 가지 있습니다. 하나는 이제 국력은 인구 규모에서 비롯되는 것이 아니고, 다른 하나는 청년들의 글로벌 경험이 K-컬처의 영향력을 더 키우는 자양분이 될 것이기 때문입니다.

우리는 대부분 인구가 많으면 일할 사람이 많아 내수시장이 성장하면서 국가가 발전할 것이라고 생각합니다. 틀린 이야기는 아닙니다. 그런데 그 '일자리'가 어떤 것인지가 더 중요합니다. 앞서 좋은 직장은 희소성이 있고 전문성이 필요한데 융합이 가능하고, 시장이 글로벌로 확장될 수 있다면 더 좋다고 했습니다. 마찬가지로 한 나라의 주된 산업이 국내뿐 아니라 글로벌 시장에서 희소하며 전문성을 갖추고 융합하며 확장성이 있어야 고부가가치를 창출하지 않을까요? 이것이 앞으로 우리나라가 국제사회에서 점유해야 할 위치입니다. 그 위치에 오르면 인구수보다 어떤 노동력을 갖추었는지가 가장 중요할 것입니다. 우리 시장이 글로벌로 확대되었으니, 청년들이 여러 나라로 나가 글로벌 경험을 쌓는다면 시장을 더 키우는 데 좋은 일이 아닐까요?

결국 국제사회에서 높아진 우리나라의 위상은 우리 청년들의 시야를 글로벌 시장으로 확장하는 데 크게 기여할 것입니다. 우리나라의 미래는 청년 세대가 앞으로 얼마나 글로벌 시장에서 더 희소하고 전문성이 있으며 융합적 지식을 기반으로 확장해나갈 수 있는지 여부에 달려 있습니다. 그러려면 국내 인구가 줄어든다고 우리 청년들을 우물 안

개구리처럼 붙잡아두려 하지 말고, 해외에서 더 많은 경험을 쌓을 수 있도록 해줘야겠죠.

Q3 변호사나 의사 같은 전문직도 다른 분야와 융합해야 한다고 하셨는데 의대는 졸업하기까지 6년이나 걸리고, 변호사도 로스쿨에서 돈과 시간을 많이 투자해야 합니다. 다른 분야까지 공부해 융합을 생각하기에는 현실적으로 어렵지 않을까 하는 생각이 듭니다. 취업하는 나이가 늦어지고 소득 없이 공부만 할 수 없을 텐데 융합을 구체적으로 어떻게 해야 할까요?

—

A 일단 꼭 모두가 의사나 변호사를 하라는 말은 당연히 아니라는 점을 참고해주길 바랍니다. 앞 세대에서 소위 '좋은 직업'이라고 여겼던 가장 대표적인 두 직업을 예로 든 것입니다.

저는 대학에서 사회학을 전공했습니다. 제가 대학에 다닐 때만 하더라도 또래들이 행정고시나 사법고시, 언론사 취업을 준비했습니다. 공인회계사가 되기 위한 관문인 CPA 시험도 많이 준비했죠. 혹은 대기업에 입사하거나 교수가 되기 위해 더 공부하려고 했죠. 우리가 생각하는 좋은 직업,

좋은 직장의 틀은 그 정도가 다였습니다.

지금이 과거에 비해 할 수 있는 일의 선택 폭이 더 넓고 확장할 여지가 많다는 생각이 듭니다. 정해진 길로만 진로를 정할 필요는 없습니다. 의사와 변호사로 예를 들었지만 그 일에만 몰입할 필요는 없다는 말이죠. 또 혼자서는 융합을 모색하기가 쉽지 않습니다. 그러니 자신이 누구와 함께하고 있는지 혹은 할 것인지가 중요합니다. 과거에는 단순히 융합적 지식을 갖춘다는 의미 정도였죠. 지금 많은 대학교에서 '융합 인재'를 키우기 위한 시도를 하고 있습니다. 가능하면 학부에 입학하자마자 전공을 정하지 않도록 권장하죠. 대학에 다니면서 한 가지 전공 수업 외에 여러 수업을 들어보고 관심사가 다른 다양한 사람을 만날 수 있도록 유도하고 있습니다.

모든 사람이 특정 직업과 분야에 몰리면 사회가 제대로 돌아갈까요? 각자 여러 분야의 다양한 일을 해야 하는데 대한민국 사회는 특정 방향으로만 쏠리는 이상한 기형 국가가 되어버렸어요. 따라서 의사, 변호사가 되더라도 융합 인재가 되도록 끊임없이 노력하고 확장할 수 있는 길을 늘 모색해야 합니다.

그러려면 공부하며 준비하는 시간이 더 길어지지 않겠냐고요? 맞습니다. 당연히 준비하는 시간이 더 필요합니다. 여러 번 강조한 대로 희소성과 전문성을 갖춰야 하는데, 당연히 준비하는 시간이 필요하지 않을까요? 준비하는 시간이 길어져 불안하다는 이유로 앞 세대의 방식대로 의사나 변호사가 된다면 장기적으로 봤을 때 미래에는 훨씬 더 불안해질 것입니다.

Q4 우리 사회에는 수도권 학교에 입학해야 한다, 삼성전자 같은 대기업에 취업해야 한다 등 과도한 경쟁 심리가 크게 작용하는 것 같습니다. 인구구조가 바뀌어 관련 정책이 달라지면 경쟁 심리 역시 변할까요? 또 그런 심리는 사회에 어떤 영향을 끼칠까요?
—

A 인구수가 줄면 수도권 집중은 완화되지 않고 더 심화될 것입니다. 여러분이 지방 중소 도시에 살고 있다고 가정해봅시다. 친구들이 다 서울로 올라간다면 이렇게 말할까요? "잘됐다. 너희 다 서울 가. 너희가 남겨놓은 자원은 내가 혼자 다 쓸게. 게다가 서울은 보육 기관도 부족하다는데 여기서는 아기 하나에 선생님 한 분이 전담해서 믿고 맡길 수

있어!" 아니죠. 서울로 가고 싶어 하겠죠. 부모님도 불안해 할 테고요.

대학 진학도 한번 생각해보세요. 과거에는 지방에서 공부 좀 한다 하는 사람들은 서울로 유학을 가야 할지 지방 국립대학에 가야 할지 고민했습니다. 아무래도 서울로 가면 비용이 더 많이 드니 지방 국립대학에 가는 경우가 흔했고요. 부산대학교, 경북대학교, 전남대학교, 충남대학교 등 지역 거점 국립대학의 위상이 서울에 있는 웬만한 사립대학 못지 않았습니다. 지금 부산, 광주, 대구 등 광역도시에서 가장 활발하게 경제활동을 하고 있는 40대 중반에서 50대 사이 사람들을 보면 지방대학을 졸업하고 지역 '유지'로 사는 분들이 많죠. 대학을 선택하는 방법이 지금과는 크게 달랐습니다.

이제는 당연히 서울에 있는 대학부터 먼저 고르죠. 그러나 모든 학생이 서울로 갈 수 있는 것은 아니니 수시 여섯 군데와 정시 세 군데를 고를 때 혹시 몰라 지방대학도 한두 곳 선택합니다. 서울에서 고등학교를 다닌 사람들도 마찬가지죠. 설령 정말 진학하지 않더라도 지방대학을 한두 곳은 선택합니다. 그런데 고등학교를 졸업하는 사람 수가 지금의

40만 명대보다 더 줄어들면 어떻게 될까요? 대학 입시제도가 변하지 않는다면(물론 학생 수가 줄면 대입 제도 자체가 바뀌어야 하지만 안타깝게도 제도가 바뀔지 모르겠습니다) 지역에 살든 서울에 살든 대부분의 학생은 수시 여섯 군데, 정시 세 군데 모두 서울에 있는 대학에 지원할 겁니다. 대학 정원보다 학생 수가 훨씬 적어 지방대학은 굳이 지원하지 않고도 소위 '추합'으로 입학할 수 있기 때문이에요. 또 지방대학에 들어간 사람들은 n수생이 되어 다시 서울에 있는 대학으로 가려고 노력하겠죠? 사람들의 심리가 이렇게 작동하면 수도권 집중 현상이 점점 더 심화될 겁니다.

저는 이 문제를 해소하려면 청년들이 갈 수 있는 곳이 서울뿐 아니라 다른 곳으로 분산되도록 정부가 더 많은 노력을 기울여야 한다고 생각합니다. 그런데 '다른 곳'이 여러 군데일 필요는 없습니다. 앞으로 청년 인구수가 크게 줄어들 것은 확실하기에 그들을 여러 곳보다는 서울 외에 한 곳, 많아야 두 곳 정도에 분산하는 편이 훨씬 더 합리적이기 때문입니다.

과거에 혁신 도시를 건설하면서 상대적으로 더 낙후된 곳에 종사하는 인원이 더 많은 공기업을 보냈습니다. 그것도 전국에 혁신 도시를 열 군데나 만들어서 말이죠. 그렇게 하면 집적 효과를 보기 어렵습니다. 2020년대에 청년은 한 연령대에 65만~75만 명 정도 됩니다. 이 정도 숫자로도 서울과 몇몇 광역도시, 혁신 도시에 분산시킬 수 있는 인원이 모자랍니다. 그런데 2030년대가 되면 청년은 한 연령대에 40만 명 정도뿐입니다. 게다가 이들 중 절반 이상은 고향이 수도권이고, 70퍼센트 이상이 수도권과 광역도시입니다. 따라서 이들을 과도하게 여러 군데로 나눌 수도 없습니다.

Q5 어떤 분야가 앞으로 어떻게 확장해나갈지 고등학생인 저희가 어떻게 알 수 있을까요?

—

A 많은 분들이 앞으로 어떤 직업이 생겨날지 궁금해합니다. 어떤 직업이 생겨나고 사라질지, 새로운 직업이 유망할지 예측하는 것은 쉽지 않은 일입니다. 저는 개인적으로 거의 불가능하다 생각합니다. 사회 변화는 물론이고 과학기술의 진보로 직업이 생겨나기도 하고 없어지기도 합니다. 인구로 사회 변화를 어느 정도 예측할 수 있지만, 과학기술의 진보는 예측하기 쉽지 않죠.

하지만 특정 직업이 아니라 어떤 분야가 앞으로 어떻게 확장하게 될지는 예상 가능하다고 생각합니다. 인구와 과학기술이 앞으로 어떻게 변화할지에 대한 인사이트를 통해서 말이죠. 여기서 인구는 우리나라만이 아니라 전 세계, 특히 우리나라와 활발히 교류하고 있는 국가의 인구를 포괄합니다. 과학기술력도 우리나라만이 아니라 글로벌 사회의 변화를 의미하고요.

인구로 보면 우리나라 내수시장이 지금보다 더 커지기는 어렵다는 것을 쉽게 예상할 수 있습니다. 그렇다면 다른 나라로 눈을 돌려야겠죠. 하지만 수가 너무 많습니다. 그러므로 우리나라와 많이 교류하는데 앞으로 성장이 기대되는 나라에 관심을 가져야 합니다. 이에 더해 젊은 인구가 많고 문화적으로도 이질적이지 않은 나라를 찾아보면 좋겠죠. 그런데 인구가 젊다고 해서 무조건 성장 가능성이 큰 건 아닙니다. 아직 고등학생이라면 당장 오늘보다는 10~20년 뒤 성장 가능성이 높은 나라가 더 좋겠습니다. 10~20년 뒤에 어떤 국가가 성장할지는 현재 그 나라의 정부가 어디에 많이 투자하고 있는지 살펴보고 예상할 수 있습니다. 만일 그 나라 정부가 대학, 대학원 같은 고등교육을 강조하고 많이 투자하고 있다면 그 나라의 과학기술 수준이 높아질 것은 자명합니다. 이 같은 성장은 10~20년 뒤 실현될 가능성이 매우 높다고 볼 수 있죠. 바로 우리나라가 1980년대에서 2010년대까지 그랬습니다.

저는 이렇게 판단하기 위해 경험이 중요하다고 생각합니다. 고등학생 때는 공부해야 하고 책을 교과서나 참고서 위주로 보니 시야가 좁아지기 쉽습니다. 책이든 유튜브든 직접 가보든 많이 경험해야 합니다. 특히 저는 유튜브를 적극 추천하고 싶습니다. 요즘 유튜브에는 인사이트 넘치는 좋은 콘텐츠가 참 많습니다. 물론 유튜브에서 얻는 정보를 모두 신뢰하라는 뜻은 아닙니다. 자신이 접하는 정보를 스스로 크로스 체크할 수 있을 만큼 다양하게 보고 책도 많이 읽어 자신만의 인사이트를 키워야 합니다.

글로벌 잘파가
온다

MZ보다 잘파가
주인공인 세상

진정한 글로벌 시대의 주역, 잘파의 성장

후속 세대인 젠지Gen Z 와 알파Alpha 세대는 앞으로 어떤 인재로 성장해야 할까요? 지금 이 글을 읽는 분이 당사자거나 그들의 형제자매 혹은 부모일 수도 있겠죠. 아직 대부분 잘파Z-alpha보다 MZ가 더 익숙할 것입니다. 'M'은 밀레니얼 세대를 말하죠. 한국의 밀레니얼 세대는 1986년부터 1996년 사이에 태어난 사람들을 일컫습니다. 2020년대 중반에 이들 대부분이 30대에 접어들었습니다. Z 세대는 그 이후인 1997년부터 2012년 사이에 태어난 사람들을 말합니다. 2020년대 중반부터 Z 세대가 20대의 주축이 됩니다.

현재 청년 세대를 통칭할 때 MZ 세대라고 말합니다. 하지만 30대인 M 세대와 20대인 Z 세대를 계속 같이 묶을 수 있을까요? M과 Z는 분명 서로 다른 특성을 보였고, 이제 생애 주기상 함께 묶기는 어렵죠. 이제는 Z 세대와 10대 이하인 알파 세대(2013년 이후 출생)가 청년 세대의 새로운 주축이 될 것입니다. 이들을 합쳐 부르는 말로 '잘파'라는 용어가 쓰이고 있습니다. 그저 단순히 1020 세대를 묶은 용어가 아니라, 우리나라는 물론 글로벌 시장의 미래에 매우 중요한 세대 특성을 지니고 성장할 인구 집단을 부르는 명칭입니다.

2020년 우리나라와 글로벌 인구피라미드를 비교해봅시다. 피라미드의 가장 아랫부분이 0~19세인데 잘파 세대가 주입니다. 그 바로 윗부분이 20~30대, 그다음 윗부분이 40~50대 순입니다. 우리나라는 생애 주기에서 사회 활동이 가장 활발한 40~50대 인구가 가장 많습니다.[1] 즉 2020년을 기준으로 했을 때, 우리나라 문화, 경제, 사회, 정치 등 모든 면에서 중심은 40~50대입니다. 현재 20세 이하인 잘파 세대가 그들의 부모 연령대인 40~50대가 되면 지금 40~50대와 비슷한 사회적 영향력을 발휘할 수 있을까요? 안타깝게도 그렇지 못할 것입니다. 인구수가 많은 지금의 40~50대가 60~70대가 되어도 여전히 한국 사회에서 힘을 행사할

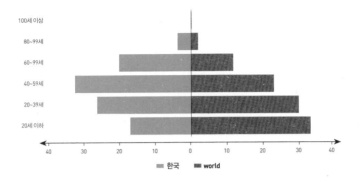

2020년 세대별 인구 규모

가능성이 크기 때문입니다.

　반면 글로벌 인구피라미드를 보면 이야기가 달라집니다. 글로벌 사회에서는 이미 2020년 현재 잘파 세대가 주인공입니다.[2] 잘파 다음으로 더 큰 세대가 올 수 있을까요? 전 세계적으로 출산율은 감소하기 시작했고 앞으로 더 낮아질 것입니다. 따라서 태어나는 아기의 수도 계속 줄어들겠죠. 인류 역사상 가장 많이 태어났고, 글로벌 경제의 중심에 설 세대는 바로 잘파입니다.

　그렇다면 잘파는 어떻게 성장해야 할까요? 다른 말로 어떤 직업을 선택해야 잘 성장할 수 있을까요? 국내에서만 활동하는 직업과 글로벌 시장에서 활동할 수 있는 직업 중 무엇을 선택하면 좋을까요? 앞서 의료인과 법조인의 사례에서 살펴보았듯 당연히 후자입니다. 잘파 세대가 꿈꾸고 실제 종사해야 할 직업과 일은 국내에서만 통용되기보다 글로벌 사회에서 통용되어야 합니다.

글로벌 무대에서 활동한다는 것은 무엇을 의미할까요? 당장 유학이나 이민을 가라는 뜻이 아닙니다. 물론 유학이나 이민을 갈 수도 있습니다. 다른 나라를 경험해보는 일은 글로벌 인재로 성장하는 데 좋은 준비가 될 수 있습니다. 하지만 만일 미국 LA로 유학을 가서 계속 그곳에 산다면, 글로벌이 아닌 LA 로컬이 되는 것입니다. 글로벌이라는 것은 어디에 사는지보다, 자신의 활동 무대가 어디에 있는지가 더욱 중요한 기준이 됩니다. 즉 거주지와 상관없이 자신의 활동 무대와 시장을 전 세계로 확장할 수 있다면 그것이 바로 글로벌입니다. 지금 우리나라의 주축인 40~50대가 그렇게 할 수 있을까요? 잘파 세대는 그렇게 해야 하고 충분히 그렇게 할 수 있습니다. 잘파 세대는 태생적으로 글로벌하기 때문입니다.

2
잘파의
글로벌 코드

공통화된 문화 코드

잘파 세대는 아기 때부터 스마트폰을 들고 자라난 첫 세대입니다. 스마트폰이라는 기계 자체가 중요하다기보다, 스마트폰으로 통칭되는 새로운 매체가 이들에게 가져다준 세상이 이전 세대는 한 번도 경험해보지 못한 세상이라는 점이 중요합니다. 이들은 40~50대 기성세대와는 매우 다른 관점으로 세상을 보게 된 것입니다.

지금의 기성세대가 태어나서 자랄 때, 전 세계 수많은 나라들은 경제 상황은 물론이고 언어와 문화, 물질문명이 모두 제각각이었습니다. 한마디로 대한민국 청소년과 다른 나라 청소년의 경험이 완전히 달랐습니다. 예를 들어 한국에서 자라난 저와 베트남, 미국에서 자란 제 동년배들은 같은 시기를 살았음에도 완전히 다른 사회 배경에서 성장한 거죠. 서로의 문화를 모르는 채 어른이 된 겁니다. 성인이 된 뒤에 아무리 영어를 잘하고, 서로 자주 교류하더라도 몸속에 체득되어 있는 문화가 다르면 자연스레 섞이기 어렵죠.

잘파 세대는 상황이 다릅니다. 이들은 유튜브, SNS, OTT 플랫폼 등을 통해 세상을 읽고 봅니다. 이런 플랫폼은 대한민국의 잘파 세대만 이용하지 않죠. 글로벌 사회가 플랫폼에 올라오는 콘텐츠를 동시에 공유합니다. 몇 년 전 넷플릭스에서 큰 인기를 끈 〈오징어 게임〉은 우리나라에서뿐만 아니라 전 세계에서 인기를 끌었습니다. 과거에는 없던, 아니 불가능했던 일입니다. 게다가 과거에는 콘텐츠를 주로 미국이나 유럽 국가 같은 선진국이 만들었고, 6개월에서 1년 정도 지나야 우리나라 같은 개발도상국에 전파되었습니다. 개발도상국의 콘텐츠를 선진국에서 공유하는 사례는 극히 드물었습니다. 그러나 지금은 콘텐츠를 실시간으로 공유할 뿐만 아니라 여러 나라에서 제작되는 다양한 콘텐츠를 다른 나라에서 소구하고 있습니다.

제가 1997년 미국에 유학 갔을 때 일입니다. 당시 TV의

한 채널에서 제 청소년기를 함께했던 〈맥가이버〉를 틀어주었는데, 보자마자 이질감을 느꼈습니다. 똑같은 맥가이버인데 목소리가 제가 아는 맥가이버와 너무나 달랐기 때문입니다. 제가 청소년기를 보낼 때 TV에서 방영한 외국 영화나 드라마는 모두 한국 성우들이 목소리를 더빙해 보여주었습니다. 〈맥가이버〉도 마찬가지였죠. 제가 기대한 맥가이버는 배한성 성우의 목소리였는데, 미국 맥가이버는 배우의 실제 목소리였던 거죠. 지금은 어떤가요? OTT에 더 이상 더빙은 없습니다. 배우들의 육성을 듣고 자막을 읽습니다. 한글 자막을 보는 사람들도 있지만, 요즘 잘파 세대는 영어 자막을 읽기도 합니다. 대사에 드러나는 미묘한 뉘앙스나 심리를 그대로 느끼고 싶어 하기 때문이죠.

이렇게 글로벌 문화 코드가 점점 공통화되고 있습니다. 과거에는 각자 완전히 다른 문화 속에서 살던 사람들이 이제는 실시간으로 시공간을 초월해 자연스럽게 섞이게 된 거예요. 언어도 영어로 통합되고요. 여기에 Z 세대는 학창 시절 코로나19 팬데믹을 겪으면서 비대면 온라인 수업에 적응했습니다. 우리나라뿐 아니라 전 세계의 모든 Z 세대가 비대면 수업을 경험했습니다. 알파 세대는 자라면서 비대면 온라인 환경에 더 자주 노출될 겁니다.

국가 간 유사한 물질문명

물질문명도 국가 간 유사성이 더욱 높아지고 있습니다. 1980년대 뉴욕 맨해튼, 베트남 호찌민, 대한민국 서울 여의도의 모습은 상당히 다릅니다. 뉴욕은 1980년대에 고층으로 빌딩 숲을 이룰 정도로 도시가 발전하고 잘살았던 반면, 호찌민과 서울 여의도는 완전히 다릅니다. 호찌민은 고층 빌딩을 찾아보기 힘들고 교통수단으로 인력거나 자전거를 많이 이용했습니다. 우리나라 여의도는 당시에는 공원이 아니라 '광장'이었고, 고층 빌딩은 63 빌딩과 쌍둥이 빌딩만 있는 정도였습니다. 이처럼 현 기성세대가 어릴 때는 미국, 베트남, 한국이 서로 다른 세상에서 살았던 것입니다.

이 세 도시는 현재 어떤 모습일까요? 뉴욕, 호찌민, 여의도 모두 서로 분간이 안 될 정도로 비슷해졌습니다. 자카르타 같은 개발도상국의 대도시도 마찬가지입니다. 예를 들면 자카르타 시내에는 100여 개의 실내 쇼핑몰이 있습니다.[3] 그 쇼핑몰의 모습과 입점 브랜드를 보면, 우리나라의 실내 쇼핑몰과 크게 다르지 않습니다. 그곳을 애용하는 친구들은 모두 잘파죠. 이 친구들을 여의도에 데려다 놓는다고 해도 전혀 낯설어하거나 당황하지 않고 금방 적응할 겁니다. 길도 앱으로 잘 찾아다니겠죠. 우리나라의 잘파 세대를 호찌민이나 뉴욕에 데려다준다고 해도, 이질감을 느끼지 않고 마음껏 잘 지내고 올 겁니다. 외국이라 '이국적'이라는 생각은 할 수 있겠지만, 문화적 이질감은 느끼지 않죠. 그만큼 전 세계가 비슷하게 살아가고 있기 때문입니다.

전 세계 잘파를 연결하는 가치관과 문화

과거에는 국가별로 삶의 양식도, 지역의 문화와 풍습도 완전히 달랐지만, 지금은 글로벌이 서로 비슷하게 살고 있습니다. 특히 이런 문화와 문명 동질감의 중심에 있는 잘파 세대는 더더욱 그렇습니다. 그러다 보니, 이들의 가치관도 점점 유사해지고 있습니다. 예를 들어 창의성의 강조(AI 시대에는 창의적인 질문을 할 수 있어야 한다는 이야기는 우리나라에만 해당하는 이야기가 아니죠), 타인을 인정하고 존중해야 한다는 다양성과 유연함, 환경과 기후변화에 대한 생각 등은 전 세계 잘파가 공유하는 가치관입니다. 일례로 요즘 잘파 세대 중 채식주의를 뜻하는 비건vegan을 지향하는 사람들이 늘어나

고 있는데, 이것은 단지 개인의 선택일 뿐만 아니라, 환경보호와 연결된 글로벌 가치관이 확산되어 나타난 현상입니다.

그뿐 아니라, 전 세계가 같은 문화를 동시에 공유하고 있습니다. 지금 잘파 세대가 주로 이용하는 틱톡이나 유튜브 쇼츠를 보면 다양한 춤이 등장하는데 그 춤을 전 세계가 함께 추고 있습니다. 떵떵땅땅, 토카토카, 나루토 댄스, 공중 부양 춤인 슬릭백, 삐끼삐끼 댄스, 옴브리뉴 댄스 등 종류도 매우 많습니다. 국가와 상관없이 댄스 챌린지에 동참하고, 영상을 공유하며 전 세계 잘파로부터 '좋아요'를 받습니다.

이런 현상을 좀 더 자세히 들여다보면 과거와 또 다른 점을 발견할 수 있습니다. 앞에서 언급했듯 과거에는 문화란 선진국이 만들고 개발도상국이 수용하는 것이며, 천천히 시간을 두고 확산되었습니다. 지금은 전혀 그렇지 않습니다. 콘텐츠는 다양한 나라에서 만들어지고, 어디에서 만들어지는지는 중요하지 않습니다. 실제로 떵떵땅땅 댄스의 원곡은 출처가 베트남이고, 토카토카 댄스의 원곡은 루마니아 것입니다. 나루토 댄스는 일본에서, 슬릭백 댄스는 미국에서 왔습니다. 삐끼삐끼는 우리나라, 옴브리뉴 댄스는 브라질에서 시작되었죠.

글로벌 문화의 주도권은
누구에게 있을까?

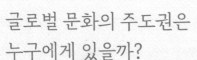

아주 고무적인 일은 바로 이런 문화의 흐름 속에서 한국의 잘파 세대가 주도권을 쥐고 게이트키퍼gatekeeper 역할을 하고 있다는 것입니다. 한국의 잘파는 인구수로 보면 아주 적습니다. 하지만 이들이 글로벌 문화와 콘텐츠의 향방을 주도하고 있습니다. 이들이 좋아하면 글로벌 잘파 세대에게 쉽게 확장됩니다. 반대로 한국의 잘파가 관심을 보이지 않으면 그 콘텐츠의 확장세는 미미합니다. K-콘텐츠의 위상처럼 말이죠.

따라서 한국의 잘파 세대는 매우 중요합니다. 앞으로 글로벌 시장에서 문화가 하나로 통일되는 컨버전스convergence 현상이 더욱 두드러질 테고 문화의 흐름은 과거와 달리 한

나라가 주도하지 않고 더욱 입체적이고 다원적으로 변화할 것입니다. 예전에는 미국같이 앞서가는 나라의 문화만 알아도 충분했다면, 이젠 부족합니다. 전 세계의 다양한 문화가 매일 실시간으로 활발하게 공유되는 만큼 다양한 문화를 이해하고 습득해야 합니다.

잘파 세대가 글로벌하다는 말은 앞으로 글로벌 시장이 지금과는 크게 달라질 수 있다는 것을 시사합니다. 비록 우리나라 잘파는 수가 적지만 글로벌 잘파는 역사상 가장 큰 규모라고 했습니다. 그런데 이들이 향유하는 가치관과 문화가 글로벌 규모로 형성되었습니다. 공유할 수 있는 시장의 크기는 지금과는 비교할 수 없을 정도로 커질 것입니다. 지금까지는 해외 비즈니스를 한다면 미국이든 중국이든 그 나라의 특성을 알아야 했습니다. 우리나라 사람과 중국, 미국 사람들이 좋아하는 것이 달랐기 때문이죠. 그런데 글로벌화된 잘파 세대가 주도하는 시장에서는 오히려 우리나라 잘파 세대가 좋아하는 것이 등장하면 미국과 중국의 잘파도 그것을 그대로 좋아할 수 있게 되었습니다. 이런 시장 변화를 단순히 쉽거나 어렵다는 말로 표현할 수 없습니다. 그보다는 앞으로 시장 질서가 크게 달라질 것이라고 이해해야 합니다. 긍정적으로 생각할 수 있는 것은 한국의 잘파 세대가 글로벌 문화의 중심을 잘 잡아주고 있다는 점입니다. 국내 잘파에게 '먹히는' 무언가가 있다면 글로벌 잘파에게도 잘 먹힐 가능성이 매우 크니까요. 내수에서 충족되지 못할 규모의 경제를 글로벌에서 창출하는 것이죠.

이런 잘파 세대의 특성을 고려해 앞으로 우리나라 기업이든, 외국계 기업이든 글로벌 잘파에게 소구될 만한 상품을 만든다면 성장하기 유리할 수밖에 없습니다. 시장은 계속 커지기 때문이죠.

스스로에게 질문해보세요. "내가 꿈꾸는 미래는 글로벌한가?" 지금 당장 최고의 직업으로 보이는 의사라도 적당히 로컬 의사가 되는 것이 목표라면 스스로를 고난의 길로 몰아넣는 것이나 마찬가지입니다. 동네 개원의보다 의사 과학자가 되어, 전 세계를 자신의 시장으로 만드는 꿈을 키워야 합니다.

Q1 교수님은 조기 유학 등으로 어려서부터 다른 나라에 가서 사는 것은 반대하는 입장 같은데, 잘파 세대는 글로벌 마인드를 키워야 한다고 하셨습니다. 해외에 살지 않으면서 어떻게 글로벌 마인드를 키울 수 있을까요? 글로벌이란 정확히 무엇일까요?

—

A 예를 하나 들겠습니다. 몇 년 전, 스마트폰용 게임을 만드는 한 회사의 매니저가 베트남으로 사업을 확장하기 위해 자문을 구했습니다. 저는 이 회사를 잘 몰라서 회사에 대해 소개해달라 했더니 전년도 매출액이 860억 원이라는 거예요. 직원은 대부분 20대이고 저를 찾아온 매니저도 스물일곱 살이었습니다. 대표는 30대 초반이고요. 그래서 어떻

게 큰돈을 벌었는지, 사업 모델이 무엇인지 물었더니, 처음부터 한국에서 게임을 출시하지 않고 미국과 유럽 시장을 공략했다고 합니다. 당시 매출의 70퍼센트가 미국에서, 나머지 30퍼센트가 영국에서 나온다고 했죠.

이 회사가 베트남으로 사업을 확장하려고 한 것은 개발자developer를 한국이 아닌 이스라엘과 우크라이나에서 채용하고 있었는데, 우크라이나에 전쟁이 나서 거점 한 곳을 베트남으로 옮기기 위해서였습니다. 한국에서 개발자를 채용하지 않은 이유는 한국 개발자 인건비가 너무 높은데 생산성은 이스라엘 혹은 우크라이나에 비해 크게 높지 않아서라고 합니다.

게임 개발도 판매도 해외에서 하면 우리나라 본사 직원들은 무엇을 하냐고 물으니, 한국에서는 사업과 인력 전체를 매니징하고 게임 스토리를 기획한다고 합니다. 한국 청년들의 스토리 기획력은 다른 나라에서 따라올 수 없는 수준이고요. 그렇게 전 세계에서 860억 원을 벌었고 계속 성장하고 있습니다.

전 정말 깜짝 놀랐어요. 그들은 자신이 어디에 있는지는 중요하지 않았어요. 게임은 일종의 플랫폼 산업이기 때문에 더 수월했겠지만, 이 기업 직원들은 한국을 베이스캠프로 삼고 평소에는 주로 해외에 나가 있다고 해요. 자신들이 계속 영업해야 하니까요. 자신이 어디에 있는지보다 시장이 어느 곳에 퍼져 있는지가 더 중요합니다. 그것이 바로 제가 이야기하는 글로벌의 의미입니다.

이런 사례는 또 있습니다. 제약이나 바이오산업을 생각해보세요. 관련 기업이 우리나라만 대상으로 하겠어요? 제약과 바이오 분야는 한국뿐 아니라 전 세계 모든 사람을 대상으로 할 수 있는 산업입니다. 앞서 동네 의사가 아니라 의사 과학자가 되는 것이 미래에 더 유망하다 말씀드렸습니다. 동네 의사가 되면 글로벌로 나가기란 거의 불가능하죠. 하지만 의사 과학자가 되면 제약이나 바이오산업과 융합해 글로벌을 실천할 수 있습니다.

스타트업 회사는 규모를 키우기 위해 증권사, 투자사 등에서 투자를 받습니다. 그러기 위해 자기 기업과 활동을 홍보하는 행사를 종종 갖는데, 이 행사를 '데모데이'라 합니다. 한 증권사가 주최하는 데모데이에 초청받아 참석한 적이 있습니다. 그곳에 20여 개의 스타트업이 참가했는데 그중 한국만 타킷으로 삼은 회사는 아예 없었습니다. 아주 고무

적인 현상입니다. 최근 많은 스타트업이 "우리는 글로벌 회사야" 하는 마인드로 시작합니다. 성공한다면 엄청나게 크게 성공하겠죠. 그래서 저는 여러분이 "내가 같이 호흡할 동료는 옆에 있는 친구들만이 아니다. 아직 글로벌을 잘 모르지만 내 상대는 글로벌 시장에 있다" 하고 마인드셋을 해야 한다고 생각해요.

Q2 창의력이 개인의 성공을 좌지우지한다고 생각합니다. 글로벌 무대에서 활동하라고 하셨는데 세계의 문화 코드가 점점 비슷해지고 있어 혁신적인 생각을 할 수 있을까요? 비슷한 문화를 배경으로 비슷한 생각을 하는 사람들이 활동한다면 과연 글로벌 메리트가 있다고 주장할 수 있는지 궁금합니다. 차별화된 능력을 어떻게 계발할 수 있을까요?

—

A 굉장히 좋은 질문입니다. 물론 물질문명과 문화가 굉장히 비슷하지만 당연히 국가마다 고유한 특성을 지니고 있어요. 우리 연구 팀이 한 자동차 회사와 협업하고 있는데, 이 회사의 사업 대상국 중 인도네시아가 있어요. 연구 팀은 인도네시아 젠지Gen Z가 한국의 젠지와 얼마나 다른지 연

구했습니다. 인도네시아는 젠지가 인구 중 가장 큰 비율을 차지합니다. 그래서 이 회사는 인도네시아 젠지의 머릿속에 자신의 제품을 각인하고 싶어 했죠.

인도네시아의 젠지는 윗세대와 달리 어려서부터 접하는 물질문명이나 문화가 우리나라 젠지와 굉장히 비슷해요. 그런데 흥미로운 점은 인도네시아는 우리나라보다 훨씬 더 종교적인 국가라는 것입니다. 전 국민의 80퍼센트 정도가 무슬림인 이슬람 국가인데 이슬람교가 가족을 중시하기 때문에 우리나라보다 훨씬 더 가족 중심, 공동체 중심적입니다. 폐쇄적일 것 같지만 국토가 매우 크고 다양한 인종으로 구성되어 있어 문화 다양성에 대한 감수성과 포용하는 태도가 자연스럽게 스며들어 있죠. 우리나라는 단일민족이라고 하잖아요? 하나의 언어와 인종을 기본으로 한 상태에서 다른 사람들을 포용하는 식이에요. 똑같은 젠지 세대라고 해도 개인주의의 모습이 매우 다릅니다. 인도네시아 젠지는 부모에게서 독립하고 싶다는 욕구와 성공하면 공동체에 기여하는 사람이 되고 싶다는 욕망을 동시에 표출합니다.

우리나라 스타트업 대표들에게 스타트업을 차릴 때 꿈이나 목표가 무엇이었는지 질문하면, 대부분 회사를 열심히 키워 엑시트(기업을 다른 기업에 넘기는 것)하고 큰돈을 벌고 싶다고 답합니다. 인도네시아 스타트업 젠지에게 꿈이 무엇이냐고 물어보면 회사를 열심히 키워 공동체에 기여하고 싶다고 말합니다. 어떤 게 더 좋다 나쁘다의 문제가 아닙니다. 그저 차이죠. 아무리 융합의 시대를 살고, 전 세계적으로 문화 코드가 동일해지고 있다 해도 나라별 차이는 존재합니다. 그 다른 지점을 알려면 많이 경험해야 합니다. 이 차이점을 잘 집어내 활용해야 비즈니스를 하든 무엇을 하든 성공할 수 있습니다.

Q3 앞으로 경쟁이 완화될 수 있을까요? 요즘 한국 사회에 외국인이 점점 더 많아지는 추세 같거든요. 외국인이 우리나라에 많이 들어오면 저희는 더 심하게 경쟁해야 할 것 같아 걱정되고 불안합니다.

—

A 외국인 유입에 관대하던 유럽의 여러 나라가 최근 외국인 유입을 막고 들어온 외국인도 떠나게 하는 정책을 도입하고 있습니다. 이민자에게 관대하다고 알려진 스웨덴은 2026년부터 스웨덴을 떠나는 외국인에게 최대 34,000달러

까지 지원하겠다고 발표했습니다. 이민자가 세운 국가인 미국은 2025년부터 트럼프 대통령의 두 번째 임기가 시작하는데, 트럼프 대통령은 반反이민 정책을 추진하겠다고 천명했습니다. 우리나라 역시 외국인이 늘어나 일자리를 놓고 경쟁해야 한다면 사회 갈등이 발생할 수 있겠죠.

그런데 저는 우리나라에서 이들과 일자리를 두고 경쟁하거나 갈등이 발생할 가능성은 그리 높지 않을 것으로 예상합니다. 미국이나 스웨덴은 앞으로 인구가 늘어나거나, 최소한 줄어들지 않는 국가지만, 우리나라는 연령이 낮은 인구가 급속하게 줄어들 것이 정해져 있어 상황이 완전히 다르기 때문입니다. 청년 이주민이 한 해 10만 명 이상 들어오지 않는 한 노동시장에서 내국인과 외국인이 서로 경쟁하는 일은 발생하기 어렵습니다. 앞서 언급했듯 10만 명 정도 되는 외국인이 내국인 청년 대부분이 일하고 싶어 하는, 고학력을 요구하는 산업 분야로 들어오는 일은 매우 비현실적입니다. 그러므로 고학력, 고숙련 일자리를 두고 내국인과 외국인 간 경쟁이 발생할 가능성은 그리 높지 않습니다.

저학력, 저숙련 일자리에서는 어떨까요? 내국인과 외국인 간 경쟁에 따른 갈등이 발생할 가능성이 꽤 높습니다. 저학력, 저숙련 외국인 노동자가 상대적으로 더 많이 유입되죠. 2024년 서울시는 필리핀 여성 100명을 가사 관리사로 고용하는 시범 사업을 실시했는데, 가사 돌봄 영역의 내국인 노동자들이 크게 반발했습니다. 임금이 저렴한 외국인 가사 관리사가 들어오면, 내국인 임금이 올라갈 수 있는 기회를 박탈하는 결과로 이어질 수 있다는 것이죠. 저학력, 저숙련 내국인 노동자의 연령은 일반적으로 높습니다. 경쟁자로 들어오는 외국인의 연령은 낮죠. 경쟁 구도가 청년 대 청년이 아니라 청년(외국인) 대 장년(내국인)으로 나타나는 겁니다. 현실적으로 외국인이 늘어나 좋은 일자리를 뺏길까 걱정하는 건 지나친 기우입니다. 오히려 지금은 외국인 인재가 다른 나라가 아닌 우리나라를 선택하도록 여건을 만들어주는 것이 긴요합니다. 그 이유는 3장 Q&A(Q4)에서 더 자세히 살펴보겠습니다.

Q4 자녀의 글로벌 역량을 키워주고 싶은데 현실적으로 무엇을 해줄 수 있을지, 어떤 환경을 만들어주어야 할지 고민이 많습니다. 교육 시스템이 수능으로 인해 사교육 중심의 끊임없는 경쟁으로 점철되어 있는데 아이를 창의적이고 융합적인 글로벌 인재로 키우

려면 어떻게 노력해야 할까요?

—

A   앞서 언급했듯 제가 이야기하는 글로벌은 다른 나라에 가서 살라는 말이 아닙니다. 우리나라에 살면서도 충분히 활동 영역을 글로벌로 확장할 수 있는 시대가 도래했으니 글로벌을 염두에 두고 장래를 고민하라는 의미죠. 그런데 이런 말이 매우 추상적이라고 느끼는 분이 있을 겁니다. 창의적, 융합적 인재로 키우라는 말도 마찬가지죠.

각자 처한 상황이 다르기에 한 가지 방법만 정답이라고 제시할 수 없습니다. 그럼에도 저라면 자녀의 미래를 어떻게 설계할지 말씀드릴 수는 있습니다. 그리고 이것은 하나의 사례일 뿐입니다. 자녀가 입시 위주의 교육을 받아야 마음의 불안을 견딜 수 있는 분은 제 이야기를 한 귀로 듣고 한 귀로 흘리시는 편이 더 좋을 겁니다. 반대로 입시 중심 교육에 의문을 가지고 있는 분은 제 이야기를 참고할 수 있을 거고요.

창의성은 정답이 있는 질문이 아니라 다양한 변수와 상황을 조합해야만 답할 수 있는 질문을 통해 얻어집니다. 여기서 답이란 자신의 의견이며 지식입니다. 잘파 세대가 살아갈 세상에서 시장은 글로벌 단위입니다. 글로벌 사회는 다양성을 수용할 수 있는 유연함이 필수죠. 다양성, 유연함은 교과서 혹은 입시 중심 교육과는 어울리지 않습니다. 다양한 사회에서 활동하며 유연하게 사고하기 위해 정답이 없는 질문을 통해 스스로 새로운 질문을 만들어가는 연습이 필요합니다.

몇 년 전 재직하는 대학의 학부 입시 면접을 맡은 적이 있습니다. 자기소개서 질문 중 하나가 리더십을 발휘해 본인이 속한 조직에 선한 영향력을 미친 경험을 기술하라는 것이었습니다. 정답이 없는 문제지만 지원자들이 써낸 답은 대동소이大同小異 했습니다. 저는 면접에서 질문을 약간 바꿔 물었습니다. "본인이 아닌 다른 사람이 조직에 선한 영향력을 끼치는 리더십을 발휘했을 때 본인은 어떻게 생각하고 행동했는지" 물었죠. 쉽게 짐작할 수 있듯 수많은 지원자가 제대로 답하지 못했습니다. 정답이 있는 것도 아닌데 말이죠. 학창 시절 타인의 리더십에 영향받는 경험이 없을 리 없을 텐데, 변형된 질문에 긴장해 사고가 마비된 것입니다. 제가 말하는 다양성, 유연함, 창의성은 이런 변형된 질문, 여러 변수가 있는 상황에 대처하는 능력입니다.

글로벌 시장에서 활동하는데 우리나라 대학 서열(스카이 서성한으로 시작하는)은 아무 의미가 없습니다. 시장의 변화무쌍한 움직임에 적응하는 능력이 훨씬 더 중요하죠. 그런 의미에서 저는 영어 말하기의 중요성은 더 커질 것이라고 생각합니다. 전 세계 문화와 물질문명의 공통점이 증가할수록 언어도 영어로 통일되는 경향이 강하게 나타납니다. 이미 스마트폰의 AI가 통역까지 해준다고 하지만 제한적입니다. 특히 AI가 미묘한 감정을 온전히 전달하기란 쉽지 않습니다. 읽고 쓰는 영어는 AI가 충분히 해줄 수 있지만, 대화는 직접 해야 소통이 원활합니다. 다행히 이제 영어 말하기를 배우기 위해 반드시 영미권 국가로 어학연수를 갈 필요는 없습니다. 우리나라에서도 학습할 수 있는 글로벌 프로그램이 수도 없이 많기 때문입니다.

창의성과 영어 능력에 더해, 후속 세대가 가능한 많은 곳을 직접 다녀보고 경험할 필요가 있다고 생각합니다. 다른 나라뿐 아니라 우리나라 역시 갈 곳이 많죠. 대우그룹 고故 김우중 회장의 자서전 제목이 "세상은 넓고 할 일은 많다"입니다. 정말 그렇습니다.

인구학을
왜 알아야 할까?

1
태어나는 인구, 이동하는 인구, 사망하는 인구

출생, 이동, 사망

지금까지 인구 관점에서 어떻게 사회를 바라볼 수 있는지, 그리고 어떻게 미래를 예측할 수 있는지 알아보았습니다. 그런데 인구학이란 어떤 학문일까요? 제 전작들을 읽어보신 분들은 인구학이 무엇을 연구하는 학문인지 조금은 알 테지만, 이 책을 통해 처음 접한다면 궁금해할 것 같습니다. 특히 지금까지 다룬 내용이 흥미롭다고 느꼈다면 더욱 그렇겠죠? 이 장에서는 인구학은 어떤 학문이며 무엇을 연구하고 이걸 왜 공부해야 하는지 이야기해보겠습니다.

인구학은 기본적으로 모든 사람들의 삶에 대해 이야기하는 학문입니다. 영어로 'demography'인데 어떤 분들은

demographics가 아닌지 묻기도 합니다. demographics는 인구통계를 통칭하는 말이고, 학문으로서 인구학은 demo-graphy가 맞습니다. 이 용어의 라틴어 어원을 살펴보면, 'demos'는 인구population를 의미하고, 'graphein'은 '기술하다to write about'라는 뜻입니다. 따라서 인구학이란 '인구에 대해 기술하고 연구하는 것'을 말하죠. 인구 변화를 측정하고, 그 변화가 왜 일어났는지, 그리고 그것이 사회에 어떤 영향을 미치는지 연구합니다.

인구학에서 가장 중요한 세 가지 요소는 다음과 같습니다

첫째, 출생birth입니다. 모든 사람은 태어나기 때문에 지금 여기에 있는 것이죠. 출생은 새로운 인구의 증가를 의미하며, 이를 통해 사회의 젊은 세대가 형성됩니다.

두 번째 요소는 이동migration입니다. 이사 가거나 다른 지역으로 이동하는 경험은 누구나 한두 번쯤 해봤을 거예요. 이동이 이루어지면 특정 지역의 인구가 증가 또는 감소할 수 있으며, 이는 그 지역의 경제, 사회, 문화에 영향을 미치죠. 이동에는 연구하고자 하는 범위에 따라 국내 이동과 국제 이주가 포함됩니다.

마지막으로 세 번째 요소는 사망death입니다. 모든 사람

은 생의 끝에 도달하고 사망합니다. 사망은 인구 감소의 원인이며, 어떤 연령대에서 주로 발생하는지에 따라 사회의 인구구조가 달라집니다.

이 세 가지 요소는 한 사회의 인구 규모를 바꾸고, 분포를 재편하며, 사회의 구조적 변화를 일으키는 아주 중요한 변수예요. 인구학은 시간이 지나면서 각 요소에 변화가 왜, 어떻게 일어나는지 분석하고, 이런 변화가 당장은 물론이고 중·장기적으로 사회에 어떤 영향을 미치는지 연구하는 학문입니다.

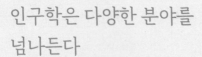

2
인구학은 다양한 분야를 넘나든다

융합 학문으로서의 인구학

인구학은 다른 학문 분야와 매우 밀접하게 연결됩니다. '출생'을 생각해보면 아이가 잉태되고 엄마 배 속에서 자라다 세상에 나오게 되죠. 이 과정에 산부인과가 깊이 관여됩니다. '사망'도 한번 생각해보세요. 사고사, 자살 같은 경우를 제외하고 거의 모든 사람이 질병으로 사망합니다. 전염성 질환이나 심장마비, 뇌졸중 같은 급성질환, 고혈압, 당뇨 같은 만성질환에 의한 것일 수도 있습니다. 질병과 관련 있다는 것은 당연히 의학과 인구학이 연결된다는 의미입니다. 그런데 인구학은 개인의 질환이나 사망보다 인구 집단에서 발생하는 사망에 더 관심이 많습니다. 인구 변동은 개인의 사망이 합쳐져 나타나겠죠? 개인 수준이 아니라 인구 집단 수준에서의 사망과 질병은 보건학의 영역입니다. 인구학과 보건학은 이렇게 매우 밀접하게 연결됩니다. 사실 많은 분들이 저에게 인구학을 하는데 왜 보건대학원 교수로 일하는지 묻곤 합니다. 그 답은 바로 앞에서 언급한 내용에 있습니다. 인구학은 보건학과 떼려야 뗄 수 없는 관계죠.

사람들의 대규모 이동은 도시와 새로운 행정구역을 만들기도 합니다. 도시를 만든다면 그것은 도시계획학urban planning 혹은 지역학regional planning의 영역입니다. 사람들이 지도상 어디에 살고 분포하는지는 지리학의 영역이죠. 또 행정구역이 생기고 없어지는 것은 행정학의 영역입니다. 인구학은 '이동'을 통해 이 학문들과 아주 가깝게 연결됩니다.

인구는 결국 사회를 구성하는 가장 기본적인 요소입니다. 따라서 인구학은 필연적으로 사회의 구조와 경제를 연구하는 사회학이나 경제학과 연결됩니다.

최근 우리는 기후변화를 체감하고 있습니다. 우리나라는 사계절이 뚜렷한 나라라고 했는데 이제 봄, 가을은 점점 사라지고 여름, 겨울만 길어지는 듯한 느낌입니다. 기후변화의 원인으로 환경 변화를 주목하는데, 환경 변화의 중심에 사람이 있습니다. 지구상에 너무 많은 사람이 살기 시작하면서 환경이 바뀌었다는 것이죠. 이런 내용은 환경학이나 개발학에서 연구합니다. 인구학자는 이 분야 학자들과 긴밀히 교류합니다.

인구통계를 demographics라고 했죠? 인구는 셀 수 있습니다. 한 사회나 국가가 크면 인구가 많다는 뜻이고, 대규모 숫자를 잘 기술하고 분석하려면 통계학의 도움을 받아야 합니다.

이외에 인구학은 많은 학문 분야와 교류합니다. 인구학자는 대부분 혼자 연구하지 않고 앞에 열거한 학문을 연구하는 학자는 물론이고 자연과학자나 공학자와도 공동으로 연구하죠. 인구학은 융합 학문이고, 융합할수록 활용도가 높아지는 응용 학문입니다.

인구와 자원의 균형을 탐구하는 인구학

일반적으로 경제학과 정치학을 이렇게 설명합니다. 한 사회에는 사람들이 많이 살고 있기 때문에 어떻게 하든 자원을 분배합니다. 이때 어떻게 자원을 효율적이고 최적화된 방식으로 분배할지 탐구한다면, 그것은 경제학적인 접근입니다. 그런데 사회구조에 따라 자원을 분배하는 방식이 다릅니다. 자원을 어떤 방식으로 분배할지 탐구한다면 그것은 정치학적인 접근이죠.

인구학도 경제학이나 정치학처럼 자원과 사람 간의 관계를 연구합니다. 그런데 인구학은 분배의 효율성이나 방식은 주어진 상태에서, 자원과 사람 간에 어떻게 균형을 맞출지 탐구합니다. 자원의 총량은 쉽게 늘어나지 않습니다. 만약 사람 수가 너무 많아지면 아무리 효율적으로 분배하더라도, 또 어떤 사회구조나 정치 형태에서라도 사람들이 나눠 가질 수 있는 자원의 양이 줄어듭니다. 그런 상황이라면 사람들은 자원을 놓고 경쟁하게 됩니다. 경쟁은 갈등의 원인이죠. 자원을 늘릴 수 있으면 좋은데, 현실에서 어떤 것이든지 (천연자원이든, 물적 자원이든, 인적 자원이든) 자원의 총량은 필요하다고 갑자기 늘어날 수 없습니다. 결국 사회질서를 유지하기 위해서는 자원의 총량보다 사람 수가 늘어나지 않도록 해야 한다는 결론이 나옵니다. 반대로 자원의 총량보다 사람 수가 너무 적으면 사회가 발전할 기회를 잃습니다. 사람 수가 얼마나 되고, 앞으로 어떻게 바뀔지 예측해야 자원의 총량에 맞추어 볼 때 경쟁이 너무 과하거나 약하지 않아 사회질서가 오래 유지될지 알 수 있겠죠? 이것이 바로 인구학이 인구를 탐구하는 이유이며 기본 철학입니다. 한마디로 인구학은 인구와 자원의 균형을 연구하는 학문입니다.

여기서 말하는 자원은 천연자원만이 아닙니다. 자원은 유형(물, 식량, 에너지)일 수도 있고, 무형(정보, 기술, 교육)일 수도 있죠. 또 사람도 자원을 쓰는 입장뿐 아니라 자원(특히 무형)을 만들어내는 입장에 있기도 합니다. 연령에 따라 자원을 소비하고 창조해내는 양이 다릅니다. 또 같은 연령이라도 교육 수준에 따라 달라집니다. 경쟁의 수준도 복잡합니다. 경쟁이 심화되면 사회질서 유지를 저해합니다. 반대로 경쟁 수준이 너무 낮으면 사회가 발전하기 위한 혁신과 도전이 나타나기 어렵습니다. 게다가 세상은 시간이 갈수록 더 글로벌화되고 있죠. 사람들이 소비하거나 창출해내는 자원의 양과 종류도 지리적 범위가 애매모호해지고 있습니다.

인구학은 이렇게 인구와 자원과 관련된 복잡다단한 맥락을 고려하기 위해 노력합니다. 다른 학문 분야와 적극적으로 교류하는 것도 이 때문입니다.

3
근대 인구학의 창시자: 맬서스

인구가 많아야 좋을지, 줄어들어야 좋을지 논쟁이 시작된 지는 아주 오래되었습니다. 무조건 아기가 많이 태어난다고, 인구가 많다고 좋은 것은 아닙니다. 앞서 언급했듯 인구는 가용할 수 있는 자원의 총량을 넘어서도, 너무 못 미쳐서도 안 됩니다. 이런 인구에 대한 관점을 학문으로 처음 정립한 사람이 18세기 말~19세기 초에 활동한 영국의 경제학자이자 성직자 토머스 맬서스Thomas Malthus(1766~1834)입니다.

맬서스는 모르더라도 '인구 폭발'이라는 용어는 익숙할 겁니다. 또 이 문장을 한 번쯤 들어봤을 것입니다.

인구는 기하급수적으로 증가하고 자원은 산술급수적으로

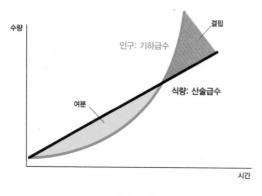

맬서스 이론

증가한다.[1]

이 말을 한 사람이 바로 맬서스입니다. 이 짧은 문장에 앞에서 설명한 인구와 자원의 관계가 모두 함축되어 있습니다.

빈곤과 인구의 상관관계

영국 산업혁명은 18세기에 일어났습니다. 이전에는 자신이 필요한 물건을 스스로 만들거나 지역 주민들이 만들면 그것을 물물교환하거나 돈을 주고 샀습니다. 그러다 산업혁명이 발생하면서 사람들은 공장에서 생산한 공산품을 쓰게 됩니다. 공장에는 기계도 있지만 기계를 돌릴 사람이 많이 필요했습니다. 사람들이 점점 공장 있는 곳으로 몰렸고, 그렇게 해서 도시가 형성되었습니다. 그런데 상하수도 같은 기반 시설이 없는 곳에 너무 많은 사람들이 몰리고, 공장에서 일하고 싶어 하는 사람은 많은데 일자리 수가 제한적이다 보니 임금이 매우 낮았죠. 이렇게 초기 도시에는 엄청난 수의 빈곤층이 형성되었습니다.

맬서스는 많은 사람들이 빈곤에서 벗어나지 못하는 원인을 출산에서 찾았습니다. 당시 빈곤 계층은 어린 나이에 자녀를 낳았고, 성인이 되기 전에 사망하는 영유아, 청소년이 많았습니다. 한마디로 많이 낳고 많이 사망했죠. 빈곤층의 집은 좁고 위생도 나쁘고 열악한데 가족 수도 많으니 돈이 모자랄 수밖에 없습니다. 이렇게 되면 빈곤이 또다시 빈곤을 낳는, 마치 덫에 갇힌 상태가 됩니다. 맬서스는 빈곤 가정이 자녀 출산을 멈추지 않는 한, 빈곤의 덫에서 절대로 빠져나올 수 없다고 주장했습니다.

인구는 한자어로 표현하면 사람人의 입口이죠. 소득이 적은데 입이 많으면 식료품비가 많이 들어 교육이나 주택 구입 등 다른 것을 하기 위한 '가처분 소득'이 줄어들 수밖에 없어요. 소득을 높이려면 본인이나 자녀의 생산성을 높일 수 있는 교육에 투자해야 할 텐데 빈곤층은 투자할 여력이 없습니다. 그러면 높은 소득을 얻을 기회조차 잃게 됩니다. 빈곤이 대를 이어 지속되는 이유죠.

국가 수준에서도 마찬가지입니다. 인구가 너무 많으면 사람들이 먹거리같이 최소한의 삶을 영위하는 데 필요한 자원에 돈을 주로 씁니다. 그러면 생산성을 높이기 위해 필요한 교육제도나 산업, 교통 등의 인프라를 만드는 데 필요한 자원과 돈이 부족해 투자가 어려워집니다. 그러면 그 국가는 빈곤에서 벗어날 수 없습니다.

맬서스 인구이론의 적용

이렇게 인구로 빈곤의 원인을 설명한 맬서스의 이론은 맞는 것 같으면서도 궁금증을 불러일으킵니다. 인구가 많아야 일을 더 많이 해 생산이 늘어나서 자원의 총량도 늘어나는 것 아닐까요? 또 생산성을 높이는 혁신은 경쟁에서 나온다는데, 사람이 많아야 경쟁이 이루어지지 않을까요?

빈곤 가정이 빈곤에서 벗어나지 못하는 것이 반드시 가족의 수가 많기 때문이라고만 보기 어렵습니다. 가족이 나가서 일하고 정당한 보수를 받아, 가정 소득이 안정적으로 유지되도록 사회적 조건이 잘 마련된다면 가족 수가 많으면 많을수록 소득이 늘어날 수 있고 빈곤에서 벗어날 수 있지 않을까요?

이런 의문점이 바로 맬서스의 인구이론에 대한 후속 세대의 비평입니다. 이런 비평에도 불구하고 그의 이론은 여전히 인구, 사회, 성장, 환경, 자원과 관련된 문제를 논의할 때 중요한 문헌 역할을 합니다. 과거 우리나라, 중국 등 수많은 개발도상국가가 채택한 가족계획 정책은 맬서스 이론에 뿌리를 두었습니다. 많은 국가가 인구가 급속하게 늘지 않도록 피임 정책을 강하게 펼쳐왔습니다. 인구 성장을 조절해 사회 발전과 경제성장을 얻고자 했습니다. 국가정책뿐만 아니라 진화론의 창시자 다윈에게도 인구 현상에 대한 맬서스의 설명이 큰 영감을 준 것으로 잘 알려져 있습니다.

4
알고 보니
인구 현상!

인구 현상은 언론과 각종 매체에서 말하는 저출산, 고령화 외에도 우리 일상에서 매우 광범위하게 발생하고 있습니다. 단지 우리가 그 현상들을 인구 현상으로 인식하지 못할 뿐입니다. 인구 현상을 구체적으로 살펴보기 전에, 인구 현상을 측정할 때 사용하는 용어와 지표를 짚어보겠습니다.

출생아 수 감소 지표

우리나라의 출생아 수는 계속 줄어들고 있습니다. 2023년에는 23만 명의 아기가 태어났습니다. 이 숫자가 왜 그렇게 큰 문제가 될까요? 왜 미디어에서 끊임없이 언급하고, 다양한 정책이 쏟아져 나올까요? 이걸 이해하려면 몇

가지 기본 개념을 짚어봐야 합니다.

'합계 출산율Total Fertility Rate, TFR'이라는 개념이 있습니다. 한 여성이 가임 기간(통상 15~49세)에 낳을 것으로 예상되는 평균 자녀 수를 의미합니다. 이 수치는 인구의 장기적 유지와 변화를 이해하는 중요한 지표로 사용됩니다. 2023년 우리나라의 합계 출산율은 0.72였어요. 즉 여성이 평균적으로 평생 동안 한 명도 안 되는 아이를 낳는다는 뜻이죠(혹시 누군가 우리나라의 합계 출산율이 0.72퍼센트라고 이야기하면 꼭 알려주세요. 0.72는 비율이 아니라 예상되는 평균 자녀 수라고요).

이 수치가 얼마나 중요한지 알려면, '대체 출산율Replacement Level TFR'과 연결해 생각해봐야 합니다. 대체 출산율이란 인구를 현재 수준으로 유지하기 위해 필요한 합계 출산율인데, 2.1명입니다. 왜 2명이 아니라 2.1명일까요? 한 세대가 인구를 유지하기 위해서는 부모 세대만큼 아이를 출산해야 하는데, 일부 아이들은 질병이나 사고로 성인이 되기 전에 사망할 가능성이 있기 때문에 약간의 여유를 둔 수치가 2.1인 거죠.

이 수치를 기준으로 합계 출산율이 대체 출산율(2.1) 밑으로 떨어지면 '저출산' 상태라고 하는데, 그보다 더 심각한 수준인 '초저출산'은 합계 출산율이 1.3 이하인 경우를 가리킵니다. 분류 기준은 국제적으로 동일하며, 보통 3년 이상 지속될 때 그 나라를 초저출산 국가로 규정합니다. 우리나라는 초저출산 상태가 오랜 기간 지속되었고, 안타깝지만 2020년대 이후 세계적으로 가장 낮은 출산율을 기록하고 있어요.

하지만 출생을 논할 때 합계 출산율만 고려해서는 안 됩니다. 출산율만큼 아이를 낳을 수 있는 가임기 여성의 숫자 역시 중요합니다. 출산율이 낮더라도 가임기 여성의 숫자가 많다면 출생아 수가 어느 정도 유지될 수 있겠죠. 하지만 우리나라는 가임기 여성의 숫자가 적고, 특히 주로 아이를 낳는 연령대인 20대 후반에서 30대 중반까지의 여성 수는 계속 줄어들고 있습니다. 더구나 결혼을 늦추거나 하지 않는 경향이 강해지고 있어요. 그래서 출산율과 가임기 여성 수, 두 가지 측면에서 미래의 출생아 수를 예측할 때, 전망이 밝지 않은 것이 현실입니다. 우리나라의 출산율이 세계에서 가장 낮은 수준인 이유와 그 영향, 미래에 대한 예측은 뒤에서 다시 깊이 있게 다루겠습니다.

인구구조에 큰 변화를 가져오는 고령화

한국의 저출산 문제를 논의할 때, 따라오는 화두가 바로 고령화죠. 고령화란 사회 전체 인구에서 노인의 비율이 점점 커지는 현상을 말합니다. 언론에서는 노인이 차지하는 비율로 사회를 몇 단계로 나누곤 합니다.

- 고령화 사회aging society: 65세 이상 인구가 전체 인구의 7퍼센트 이상
- 고령 사회aged society: 65세 이상 인구가 14퍼센트 이상
- 초고령 사회super-aged society: 65세 이상 인구가 20퍼센트 이상

우리나라는 이 기준에 따르면 2025년에 초고령 사회에 진입하게 됩니다. 인구 5명 중 1명이 65세 이상 고령자라는 말입니다. 그런데 각 단계가 7퍼센트씩 올라가면 초고령 사회는 21퍼센트를 기준으로 해야 할 텐데 왜 20퍼센트일까요? 놀랍게도 이 기준은 30여 년 전부터 일본의 언론사들이 사용했는데, 누가 왜 그런 기준을 정했는지 알려진 바가 없습니다. 학술적이거나 국제적인 기준이 아니라는 뜻이죠.

그럼에도 인구 5명 중 1명이 노인이면 초고령 사회임을 부정할 수 없습니다.

고령화를 중요한 문제로 다루는 이유는 바로 고령화가 인구구조에 큰 변화를 가져오기 때문입니다. 인구구조의 변화는 우리 사회가 어떻게 기능하고 유지될지 결정하는 아주 중요한 요소거든요.

인구구조를 한눈에 이해할 수 있는 가장 좋은 방법이 인구피라미드예요. 인구피라미드는 연령대별로 성별 인구 분포를 시각적으로 보여주는 그래프입니다. 보통은 아래쪽이 젊은 층이고 위쪽이 노년층으로, 연령에 따라 쌓아 올린 형태입니다. 또 왼쪽이 남성, 오른쪽이 여성인 것이 일반적입니다.

가장 이상적이고 건강한 인구구조는 튼튼한 통기둥형인데, 이런 사회는 고령화가 매우 천천히 진행됩니다. 젊은 인구가 많기 때문이죠. 가장 건강하지 않은 인구구조는 우리나라같이 나이 든 연령대에 비해 젊은 연령대 인구수가 계속 줄어드는 역피라미드형입니다. 고령화가 진행될수록 위쪽이 넓어지고 아래쪽이 좁아지죠. 이런 사회에는 어떤 문제가 생길까요?

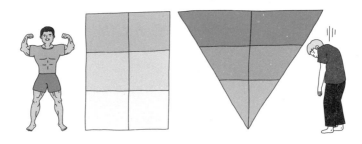

먼저 내수시장 규모가 작아집니다. 오늘날의 노인들이 젊었을 때 생산과 소비를 통해 일구어놓은 내수시장의 규모가 있습니다. 그 규모가 유지되려면 비슷한 수의 후속 세대가 뒷받침되어야겠죠? 그런데 역피라미드형 인구구조 사회에서 후속 세대의 인구 규모는 계속 줄어듭니다. 그렇게 되면 내수시장의 규모도 작아질 수밖에 없겠죠.

또 다른 문제는 사회적 부양 부담이 커진다는 것입니다. 과거에는 고령자를 부양하고 그들의 건강을 관리하는 역할을 가족이 담당했습니다. 우리나라는 복지국가를 지향하며 사회가 이 기능을 일부 수행하도록 제도를 마련했습니다. 국민연금과 국민건강보험이 좋은 예입니다. 젊은 인구가 비용을 내고 고령자가 연금과 건강보험 서비스를 받는 것이죠. 매우 아름다운 제도임에 틀림없지만, 인구구조가 역피

라미드인 사회에서는 비용을 내는 젊은 인구가 줄고, 늘어
난 고령자에게 지급해야 할 비용은 커져 젊은 인구에게 큰
부담을 지울 수밖에 없습니다.

그런데 스웨덴이나 핀란드 등 북유럽 국가에서는 복지 제
도가 잘 작동하는데, 왜 우리나라에서는 앞으로 고령 인구
부양에 부담이 계속 커질까요? 인구피라미드 구조의 차이
때문입니다. 북유럽 국가의 인구피라미드는 건강한 형태인
통기둥형입니다. 지금 고령자를 위한 부양 부담을 지더라도
후속 세대의 수가 거의 동일하기 때문에 고령자가 되어도
후속 세대의 부담이 늘어나지 않고 부양받을 수 있습니다.
반면 우리나라는 후속 세대 수가 너무 적어, 그들의 부양 부
담이 커질 수밖에 없는 구조죠.

이와 관련해 알아야 할 인구 개념이 바로 '부양비'입니다.
부양비는 경제활동을 하는 사람들이 부양해야 하는 인구의
비율을 말해요. 쉽게 말해, 일하는 사람들이 몇 명의 어린이
와 노인을 책임져야 하는지 나타내죠. 부양비는 두 가지로
나뉩니다.

첫 번째는 유소년 부양비입니다. 경제활동을 하는 사람이
얼마나 많은 0~14세 어린이를 부양해야 하는지 보여주는

수치예요. 과거에는 아이들이 많아서 유소년 부양비가 높았지만, 요즘은 출산율이 낮아지면서 유소년 부양비가 크게 줄어들었죠.

두 번째는 노년 부양비입니다. 경제활동인구가 얼마나 많은 65세 이상 노인을 부양해야 하는지 나타내는 지표죠. 고령화가 빠르게 진행되면서 노년 부양비는 점점 커지고 있어요. 이 두 가지를 합쳐 총부양비라고 부릅니다. 총부양비가 높을수록 경제활동인구(생산 인구)인 15~64세 인구가 부담해야 하는 비율이 높아진다는 의미입니다. 특히 한국은 고령화가 빠르게 진행되기 때문에, 젊은 세대가 져야 할 경제적 부담이 점점 커질 수밖에 없는 구조로 변하고 있습니다.

중위 연령과 사회적 지위

인구에서 또 다른 흥미롭고 중요한 점은 인구구조가 바뀌면 똑같은 연령대라도 사회에서의 위치나 역할이 달라질 수 있다는 것입니다. 이를 이해하기 위해 사용하는 개념이 '중위 연령'입니다. 중위 연령은 흔히 혼동하는 '평균연령'과는 다릅니다. 평균연령이란 전체 인구의 나이를 평균으로

낸 수치지만, 중위 연령은 인구를 정확히 절반으로 나누는 연령이에요.

통계청에 따르면, 2025년 우리나라의 중위 연령은 47세가 됩니다. 이는 현재 대한민국 인구의 절반이 47세 이하이고, 나머지 절반이 47세 이상이라는 것을 의미합니다. 어느 조직이든 내 밑에 더 많은 사람이 있어야 목소리를 내고 어른 행세를 할 수 있겠죠. 지금 한국 사회에서 어른 행세를 하려면 48세는 되어야 한다고 볼 수 있어요. 한국 사회의 중위 연령이 점점 높아진다는 것은 그만큼 고령층의 비중이 늘어나고 젊은 층의 비중이 줄어들고 있다는 사실을 보여주죠.

과거 1994년에는 중위 연령이 29세였어요. 당시에는 서른 살만 돼도 결혼하고, 아이를 낳고, 직장에 자리 잡은 어른이었던 거죠. 1994년 고故 김광석 가수가 부른 〈서른 즈음에〉라는 노래가 나왔어요. 이 노래에서 서른이면 이미 어른의 무게를 느끼죠. "또 하루 멀어져간다. (…) 점점 더 멀어져간다. 머물러 있는 청춘인 줄 알았는데… 매일 이별하며 살고 있구나." 현재의 30세 감성과 사뭇 다릅니다. 지금은 드라마 〈멜로가 체질〉 포스터의 카피처럼 "서른 되면 어른 될 줄

알았어?" 하죠. 그러면 2025년에는 몇 살은 되어야 어른 행세를 할 수 있고, 김광석의 〈서른 즈음에〉 감성을 이해할 수 있을까요? 어른이 되려면 48세는 되어야 하지 않을까요?

30년 뒤인 2054년에 중위 연령은 59.5세로 높아집니다. 한국 사회에서는 예순 살이 넘어야 비로소 어른 취급을 받고 〈서른 즈음에〉 감성을 이해할 수 있다는 이야기죠.

이처럼 인구구조에 따라 사회적으로 기대되는 위치와 역할이 같더라도 연령이 크게 다를 수 있습니다. 실제로 2022년 지역별로 청년 예산이 배분되는데, 강원도 홍천에서는 47세까지, 태백에서는 49세까지 청년으로 인정해달라고 요청했어요. 강원도는 이를 받아들여 해당 나이대까지 청년의 범위를 확장해 예산을 지원했습니다. 이 사례는 한 나라 안에서도 지역별로 인구구조가 다르고, 이에 따라 같은 나이대라도 사회적 지위와 의미가 달라진다는 사실을 보여줍니다.

세대의 중요성

'세대generation'는 인구학에서 중요한 주제입니다. 세대의 중요성은 최근 전 세계적으로 주목받고 우리나라에서도 사회 변화와 정책 결정 과정에서 중요한 변수로 고려되고 있습니다. 이는 보건, 정치, 경제, 문화 전반에서 세대 간 차이가 커지고 있으며, 이런 차이를 이해하는 것이 미래 사회를 예측하고 대비하는 데 중요한 역할을 하기 때문입니다.

예를 들면 이런 거죠. 현재 70대 노인과 10년 뒤 70대가 될 60대 베이비 붐 세대의 생활 방식이 비슷할까요? 나이 들면 다 똑같아진다고 생각하기 쉽지만, 그렇지 않습니다. 예컨대 오늘날의 70대가 보건 의료 자원을 활용하는 방식과 비용이 있습니다. 이들이 현재 보건 의료 정책과 제도의 주된 대상이죠. 몇 년 뒤에는 베이비부머가 70대가 됩니다. 현재 70대와 60대는 서로 다른 인구 집단으로 보건 의료 서비스의 이용 방식, 사회적 역할, 경제활동 양식과 반경 등 여러 면에서 차이를 보일 것입니다. 그렇다면 현재 70대를 기준으로 만든 보건 정책이 앞으로 60대가 70대에 도달했을 때는 제대로 기능하지 않거나 적용되지 않을 가능성이 큽니다. 따라서 새로운 세대에 맞춰 정책을 바꾸어야 합니다. 이건 우리나라만이 아니라 다른 나라도 마찬가지예요.

이런 변화는 보건에서뿐만 아니라 전체 경제와 시장에도 매우 중요한 요소입니다. 현재 젊은 세대와 고령 세대의 소비 패턴, 경제활동, 사회적 요구가 크게 다르기 때문에, 기업이나 정부가 미래를 준비할 때도 반드시 세대별 차이를 고려해야 하죠. 그래서 세대의 변화는 미래 사회 변화의 핵심 동인이며, 이를 이해하는 것이 국가적, 사회적 차원에서 중요한 과제가 되고 있습니다. 세대 연구는 단순히 사람들의 연령을 기준으로 보는 것이 아니라, 그들이 자라온 환경, 사회적 경험, 문화적 배경 등을 모두 포함해 분석하기 때문에 각 세대가 사회에 어떻게 기여하고 변화시킬지 이해할 수 있으며, 미래 사회의 방향성을 결정하는 데 필수 정보를 제공합니다.

5
인구학,
왜 중요할까?

사람, 사회를 구성하는 기본단위

우리가 어떤 분야에서 일하든, 무슨 공부를 하든, 사회 구성원이기 때문에 사회를 알아야 자신의 삶을 그려볼 수 있습니다. 사회를 알기 위해서는 사회를 구성하는 기본단위인 사람을 알아야 합니다(결국 사람이 내 삶에 가장 큰 영향을 줍니다). 사람을 이해하기 위해서는 그들이 속한 인구구조를 분석하는 것이 필수고요. 따라서 인구는 단순한 숫자가 아니라, 우리 사회와 시장의 변화를 이해하고 미래를 예측하는 데 중요한 기준이 됩니다. 사람은 단순히 개인적 특성만 갖는 것이 아닙니다. 이동하고 나이 들면서 지역적 영향을 받는, 집합적이면서 동적인 존재입니다. 이들이 어떻게 변화하는지,

그리고 그들이 속한 지역에 어떤 영향을 미치는지 아는 것은 사회를 이해하는 데 필수죠. 만일 누군가 사업을 한다면 혹은 중앙과 지방정부에서 정책 만드는 일을 한다면, 당연히 사람의 집합체인 인구를 잘 알아야 사업 구조를 잘 짜고, 지속 가능하며 효과적인 정책을 만들 수 있습니다.

예를 들어 고령화가 진행되는 지역과 젊은 인구가 많은 지역은 각각 다른 정책이 필요합니다. 고령화 지역에서는 만성질환 관리나 노인복지 정책을 중요하게 다루어야겠지만, 젊은 인구가 많은 지역에서는 생애 주기별 건강관리나 출산 관련 정책이 더 중요하겠죠. 인구 변동에 따른 정책 변화는 필수적입니다.

시장 전략도 마찬가지입니다. 인구 변화는 산업과도 밀접하게 연관되어 있죠. 많은 사람들이 산업은 과학기술력에 의해서만 바뀐다고 생각합니다. 틀린 이야기는 아니지만 산업은 인구가 사회에서 어떤 역할을 하는지에 따라 바뀔 수 있습니다. 예를 들어 출산율이 급격히 하락하고 있다면 20여 년 뒤 미래에는 노동시장에 진입하는 인구가 줄어들게 됩니다. 그 후에는 소비 인구수가 줄어 내수시장에도 영향을 주겠죠. 결국 경제구조도 변화할 수밖에 없습니다. 노동력이 부족하면 자동화가 빠르게 진행되거나, 외국인 노동자 유입을 통한 대체 인력 충원이 필요할 것입니다. 소비 인구구조가 변화하면 소비 패턴, 주거 형태, 교육 수요 등 다양한 사회 요소와 관련 산업도 영향을 받습니다.

인구, 미래를 준비하는 도구

이 책 초반에 미래를 알고 싶다면 인구에 관심을 가지라고 언급했습니다. 인구가 사회를 구성한다는 사실은 오늘날뿐만 아니라 미래에도 마찬가지입니다. 인구학적 분석을 통해 언제, 어떤 규모로 인구가 변화할지 매우 정확하게 예측할 수 있습니다. 현재의 인구 변화는 당면한 문제를 넘어 미래 사회를 설계하고 준비할 때 중요한 참고 자료가 되며, 이를 바탕으로 시장 전략을 마련하고 지속 가능한 사회를 만들기 위해 필요한 정책을 준비할 수 있습니다.

그래서 인구는 단순히 저출산, 고령화 문제에만 적용되지 않고, 오늘날의 사회와 시장을 이해하며 미래를 준비할 때 활용해야 하는 도구입니다. 제 수업을 듣는 학생들에게 첫 강의 때 하는 말이 있습니다. 이 수업을 다 듣고 나서 '인구' 하면 떠오르는 단어는 저출산이나 고령화가 아니라 '미래'

일 것이라고요. 인구는 미래와 연결됩니다. 다양한 사회 변화와 현상은 인구 변동과 깊이 연결되어 있어, 이를 해석하는 건 사회를 이해하고 미래를 대비하는 데 필수죠. 특히 우리나라처럼 인구구조가 급격히 변하는 국가에서는 인구 변화가 사회 모든 영역에 더 큰 영향을 미칩니다.

오늘 태어난 아기들이 자라 성인이 되면 사회 활동에 본격적으로 참여할 텐데, 그 시점은 오늘이 아니라 미래겠죠. 그런데 우리나라 인구구조는 스웨덴이나 핀란드처럼 통기 등 모양이 아니기 때문에 시간의 흐름에 따라 급변하며 미래를 결정합니다. 제가 2016년에 쓴 '정해진 미래'라는 책 제목도 이런 맥락에서 나온 거예요.[2] '정해진 미래'란 '나'라는 개인의 미래가 운명처럼 계획되어 있다는 것이 아니라, 인구의 미래가 정해져 있어, 인구 변화로 사회 변화를 예측할 수 있도록 도와준다는 뜻입니다. 인구 변동의 결과는 시간 흐름에 따라 나타나며, 이는 곧 사회 변화와 맞물려 돌아갑니다. 예를 들어 우리 사회에서 인구 고령화가 심화되고 있는 현 상황은 미래의 노동력 부족, 의료 시스템의 부담 증가, 경제성장 둔화 등 여러 사회적 과제를 예고합니다. 또 미래 사회에서 발생할 세대 간 갈등, 연령대별 경제적 불평

등 등도 인구 변화와 밀접하게 연결되어 있습니다.

정해진 미래는 피할 수 없는가

'정해진 미래'는 인구 변동의 방향과 전반적 규모, 변화 시점이 정해져 있다는 것이지, 개인, 가족, 사회, 기업, 국가의 미래가 정해져 있다는 의미가 아닙니다. 오히려 인구가 언제, 얼마만큼, 어떤 방향으로 변동할지 예측 가능하기 때문에 개인, 사회, 기업이 그 정보를 활용해 각자의 미래를 대비하고 바꿀 수 있죠.

국가 차원의 예를 한번 들어보겠습니다. 2023년에 태어난 아이의 수가 23만여 명입니다. 이 아이들이 18년 후에는 고등학교를 졸업하고 대학에 진학합니다. 통상 소위 현역(고등학교 3학년을 마치고 바로 대학에 진학하는 경우)으로 대학에 진학하는 비율이 1990년대 이후 70퍼센트를 넘습니다. 그러면 16만여 명이 대학에 진학하죠. 현재 대학 입시 제도는 고등학교 내신 성적과 학업 성취도 등을 평가하는 수시와 대학 수학 능력 평가(수능) 점수를 주로 평가하는 정시가 있습니다. 입시생을 아홉 개 등급으로 나누어 평가하는 이 제도는 한 연령대에 65만 명 이상인 1980년대생과 1990년대생을 위해 만든 제도입니다. 한 해 40만 명대가 태어난 2000년 중반 이후 출생한 사람들에게도 제대로 작동하지 못하고 있다는 평가를 받고 있습니다. 그렇다면 2023년생들이 대학에 진학하는 2040년까지 이 제도를 유지해야 할까요? 만일 교육 당국이 '대학 입시를 쉽게 바꿀 수 없다'며 계속 유지한다면 2023년생들의 대입은 학생 수가 적어 산술적 경쟁률은 낮은데, 높은 등급을 받기 어려워 실제 체감하는 경쟁 강도는 오히려 지금보다 더 높아지는 기형적 상황이 발생할 가능성이 매우 큽니다.

인구 변동이 정해져 있는데, 대입 제도가 바뀌지 않는다면 발생할 일도 정해져 있습니다. 그야말로 정해진 미래입니다. 하지만 만일 정부가 이런 상황을 인지하고 대학 입시 제도를 20만 명대에 적합하게 바꾼다면 2023년생들이 대학에 진학할 때 상황은 지금보다 훨씬 좋아질 수 있습니다. 또 바뀌는 대입 제도에 맞춰 공교육 시스템도 바꿔야겠죠? 그러려면 이들이 초등학교에 들어가는 2030년경부터 공교육 제도에 큰 개혁이 필요합니다. 교육 당국이 잘 준비해 개혁한다면 인구 변동을 잘 활용해 미래를 대비하고 긍정적으로 바꾼 모범 사례가 될 수 있습니다. 이런 상황을 인식해서 그런지 교육부는 2028학년도 대학 입시부터 현행 제도를 9등급에서 5등급으로 바꾸겠다고 발표했습니다. 또 탐구 영역에서 선택과목을 폐지해 과목별 경쟁하는 학생들의 규모를 늘리기로 했습니다. 줄어드는 학생 수를 반영해 입시 제도를 바꾸기로 한 것이죠. 변별력에 문제가 생길 것이라는 우려가 있지만, 그래도 아무것도 하지 않는 것보다 긍정적입니다. 앞으로 입시 제도만이 아니라 공교육 시스템 전반도 더 줄어들 학생 수에 맞춰 개선되기를 희망해봅니다.

국가만 대비할 수 있을까요? 그렇지 않습니다. 개인도, 기업도 할 수 있고, 반드시 해야 하는 일입니다. 기존 관행대로 계속 살아갈지, 아니면 인구가 정해놓은 미래 상황을 예측해 거기에 맞춰 살아갈 방식을 새롭게 기획하는 편이 나은지 한번 생각해봅시다.

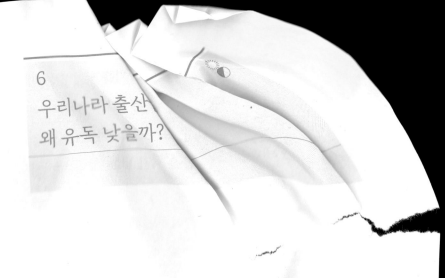

6

우리나라 출산율은
왜 유독 낮을까?

그렇다면 우리나라 출산율은 도대체 왜 이렇게 낮을까요? 흔히 우리나라 출산율이 낮은 이유로 안정적 일자리 부족, 교육비 부담, 주거비 상승, 열악한 양육 환경, 젠더 불평등, 일과 삶의 불균형 등을 꼽습니다. 특히 우리 정부는 열악한 양육 환경을 개선하려고 많은 노력을 기울였습니다. 지난 20년간 저출산 문제를 극복하기 위해 300조 이상의 예산을 투입했고, 그중 70퍼센트를 양육 환경을 개선하는 데 사용했습니다. 그러면 출산율이 자연히 올라갈 거라고 생각했죠. 하지만 양육 환경은 나아졌지만, 출산율은 계속 떨어지고 있습니다.

왜 그럴까요? '우리 부모님이 나한테 쓰신 교육비만큼 내

여기에 ...지 않는 편
이 낮잖...는 ...데 비수도권의 주
기까지...울... ...못...
거비... 훨씬 낮은데도 지방...율 역시 낮죠. 교육비가 많
이 드는 건 사실이지만 교육비 하나로만 대한민국에서 유
독 초저출산이 빠르게 진행되는 이유를 설명할 수 있을까
요? 연봉이 높고 안정적인 직장으로 여겨지는 S전자 같은
대기업에서 일하는 사람들도 결혼을 미루거나 아이를 낳지
않는 경우가 많습니다. 이런 사례를 통해 겉으로 보이는 요
인이 전부가 아니라는 것을 알 수 있습니다. 그러므로 근본
적인 원인을 찾아야 합니다. 우리나라 초저출산 현상의 근
본적인 원인은 무엇일까요?

그 답은 사람의 본능에서 찾을 수 있습니다. 모든 생명체
에게 가장 중요한 것은 생존입니다. 경쟁이 치열한 환경에
서는 생존이 재생산보다 우선시되죠. 토지가 좁아 풀이 빼
곡하게 자라나면 풀들은 각자 자신이 먼저 물과 햇빛을 받
으려고 경쟁하겠죠. 이렇게 경쟁이 심할 때는 하루라도 빨
리 씨를 퍼뜨려 번식하는 편이 나을까요? 아니면 다른 풀
들을 누르고 조금이라도 더 치고 올라가 햇빛을 더 많이 받

아야 할까요? 다시 말해 재생산과 생존 중 무엇이 중요할까요? 생존해야죠. 모든 생명체가 똑같습니다. 경쟁이 심할수록, 생존이 제일 중요합니다.

서울대학교 수의학과 장구 교수님이 이런 글을 썼어요. 동물도 사람과 똑같이 경쟁이 극심한 환경에서는 새끼를 낳지 않는다고요.[3] 왜냐하면 우선 자신이 살아야 하고, 더 먹어야 하죠. 우리 상황도 마찬가지입니다. 현재 우리나라 청년들은 왜 이렇게 경쟁에 치여 살고 있을까요?

수도권 집중 현상과 출산율

우리나라에서 치열한 경쟁이 벌어지는 주원인은 수도권 집중 현상이 심화되었기 때문입니다. 2003년생 이후로 우리나라에서는 50퍼센트 이상이 수도권에서 태어나고 있습니다. 2023년에 태어난 23만 명의 아이들 중 54퍼센트가 수도권에서 태어났죠. 광역도시의 출생아 수를 합치면 75퍼센트나 됩니다. 지방에 사는 아이들도 서울에 있는 대학에 진학하고 수도권에서 취업하고 싶겠죠. 과거에는 군 단위 지역에 있는 사람들이 근처 광역시로, 광역시 사람들은 서울이나 수도권으로 왔습니다. 그런데 지금은 전국에서 서울이나 수도권으로 바로 모이고 있어요. 그런데 서울로 와도 좋은 일자리나 대학 정원은 한정적이라 경쟁이 더 치열해질 수밖에 없죠.

현재 사회에 진입 중인 밀레니얼 세대의 80퍼센트가 대학을 졸업했는데, 전부 서울에 와서 직장을 구하려고 하니 경쟁이 심해질 수밖에 없습니다. 그러면 서울 외에 대안이 있을까요? 광역시인 부산을 생각해보겠습니다. 요즘 부산을 '노인과 바다'라 부른다고 합니다. 주변 지역에서 청년들이 유입되지 않고 수도권으로 빠져나가기만 해 부산에 노인과 바다밖에 남지 않은 상황을 빗대어 하는 말입니다. 대한민국 제2의 도시라고 하는 부산의 상황이 이런데, 다른 곳은 어떨까요? '서울밖에 갈 곳이 없다'는 말이 틀리지 않죠. 이런 현상은 당연히 비정상적입니다. 하지만 수도권 집중 현상은 이미 심각한 수준이고, 지금으로서는 상황이 바뀔 기미도 보이지 않습니다. 자신이 서른 살이 되면 어디에 있을지 생각해볼까요? 서울이나 해외가 아닌 지방 중소 도시에 살고 싶다는 사람은 극히 드물 것입니다.

이런 현상은 어제오늘 일이 아닙니다. 1990년대에도 서울은 청년이 반드시 가야 할 곳이었습니다. 이렇게 편중되고 일극화된 사회에서는 사람들이 심리적, 물리적 압박을 느끼고 더 치열하게 경쟁하게 됩니다. 이런 환경이다 보니 출산율이 낮아질 수밖에 없습니다. 한정된 자원을 두고 치열하게 경쟁을 벌일 때는 생존이 최우선이지, 재생산이 중요하지 않거든요. 우리나라 인구 문제의 근본적 원인인 수도권 집중 문제를 해소하지 않으면 아무리 주거비나 교육비가 낮아져도 출산율은 상승하기 어렵습니다.

우리나라 230개 시군구의 인구밀도와 합계 출산율의 상관관계를 살펴보면 완전히 음의 관계죠.

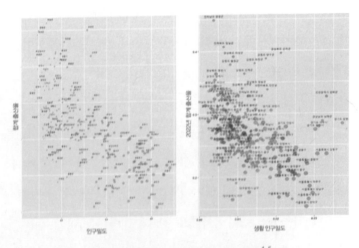

시군구의 인구밀도와 합계 출산율의 상관관계[4,5]

왼쪽 그래프는 주민등록상 행정 인구 기준, 오른쪽은 사람들이 소지한 스마트폰의 통신사 데이터로 측정한 생활 인구를 기준으로 합니다. 사람이 많이 모일수록 출산율은 낮을 수밖에 없다는 걸 증명합니다.

추세 반전의 가능성

저는 잘파 세대가 국내 취업 시장에 진입할 즈음에는 출산율이 올라갈 수 있다고 생각합니다. 앞서 설명했듯 미래에는 사람 수가 너무 적어 기업 간에 서로 인재를 확보하기 위해 갖은 노력을 기울일 것이기 때문에 오늘날 청년들이 겪고 있는 초경쟁이 둔화될 거예요. 그렇기 때문에 2030년 대 초·중반 이후에는 우리나라 출산율이 올라갈 가능성이 매우 높다고 봅니다.

그러나 합계 출산율이 올라가더라도 태어나는 아기 수는 크게 늘어나지 않을 겁니다. 출산 가능 인구 자체가 너무 적어졌기 때문이죠. 앞으로는 주 출산 연령대인 29~34세 여성이 각 연령당 20만여 명밖에 되지 않아, 출산율이 꾸준히 증가해 다시 1.0으로 회복해도 한 해 태어나는 아기 수는 20만 명대에 머무를 것입니다.

최근 초경쟁과 초저출산의 관계에 대해 많이 논의하고 있는데 안타깝게도 수도권 집중을 극복하는 방안은 마련되지 않고 있습니다. 그렇다면 수도권에 몰려 사는 것이 정말 나쁠까요? 젠지처럼 40만여 명 정도 태어난 세대는 다 같이 수도권에서 사는 것과 전국 226개 시군구로 흩어져 사는 것 중 무엇이 나을까요? 사회가 발전하려면 경쟁이 아예 사라지면 안 되겠죠.

저는 Z 세대부터는 수도권에 높은 비율로 집중되어 살아도 크게 상관없다고 생각합니다. 활동 범위가 훨씬 더 중요하죠. 수도권에 살지만, 지방에서 일하고 놀게 만드는 거예요. 부산과 서울 간 이동 시간을 더 줄여 서울에 거주하더라도 다른 지역에서 활동을 이어나갈 수 있게 해야 합니다. 앞으로 초저출산 현상을 극복하려는 정책은 국토 범위를 더 좁히는 데서 시작해야 합니다. 교통이 발달하면 경제활동 범위가 더 확대될 수 있습니다. 지방과 수도권의 연결이 강화되면, 거주와 경제활동 모두 수도권에 집중되는 현상은 점점 완화될 것입니다. 그렇게 되면 경쟁이 둔화되어 시간은 걸리겠지만 자연스럽게 재생산 본능이 발현될 것이고, 초저출산을 극복하는 길이 열릴 수 있습니다.

Q1 다른 나라에도 우리나라처럼 수도권이나 특정 도시에 인구나 경제활동이 집중되는 현상이 있을까요? 집중 현상을 해결한 사례는 없나요?

—

A 싱가포르나 홍콩, 마카오 같은 나라도 인구가 집중되어 있어요. 그런데 이 나라들은 도시국가라 집중될 수밖에 없는 구조죠. 우리나라같이 도시국가가 아닌데 인구가 수도권에 몰려 있는 사례는 없습니다. 유럽은 어떨까요? 프랑스인은 주변 여러 나라로 자유롭게 이동할 수 있죠. 미국에서도 대학을 졸업한 후 모두 뉴욕이나 워싱턴으로 가지 않습니다. 일본도 도쿄의 회사에만 다니지 않고 오사카, 나고야, 삿

포로 등 여러 지역으로 흩어지죠. 우리나라만 유독 서울로 몰리고 있어요.

앞서 말한 싱가포르, 홍콩, 마카오, 그리고 우리나라같이 인구가 집중된 나라의 공통점이 있어요. 바로 출산율이 낮다는 점입니다. 서울시가 필리핀에서 가사 관리사 100명을 데리고 왔어요. 양육과 보육 환경이 열악하니 도와줄 사람을 찾은 거죠. 정책의 최종 목표는 출산율을 높이는 것인데 저는 이 정책이 효과를 거두지 못할 것이라고 이야기했어요. 이 가사 관리사 정책의 모델이 바로 싱가포르예요. 싱가포르의 경우 인도네시아나 말레이시아에서 가사 관리사 여성을 데려와요. 하지만 싱가포르 역시 출산율은 여전히 1.0명 밑이죠. 우리나라는 출산율이 오를까요? 안 바뀝니다. 싱가포르보다 더 효과가 없을 거예요.

싱가포르는 외국인 노동자와 국내 노동자의 임금이 다르게 책정되어 나뉘어 있습니다. 외국인 노동자의 임금이 아주 낮죠. 우리나라는 외국인, 국내 나누지 않고 동일해요. 우리나라는 최저임금으로 모든 노동자의 임금을 보장하고 있죠(외국인 가사 관리사의 임금을 낮춰야 한다고 말하려는 게 아닙니다. 현실을 설명하는 것이죠). 가사 관리사를 고용한 사람 입장에서는 돈을 벌어도 많은 돈을 가사 관리사에게 지급해야 합니다. 그렇다면 계속 일하면서 아이를 더 낳고 싶다는 생각이 들까요? 돈을 더 벌어야 한다는 동기부여는 될까요? 부모의 경제적 부담을 고려하지 않아, 정책의 효과가 제대로 발현되지 않은 사례죠. 안타까운 일입니다.

Q2 어떤 정책이 인구와 경제활동의 수도권 집중을 완화할 수 있을까요? 다른 나라의 사례가 없더라도 우리만의 방식을 찾아야 하지 않을까요?

—

A 우리나라는 수도권, 특히 서울을 중심으로 성장해, 청년들의 유일한 지향점이 되어버려, 이런 상황을 반전시키기는 매우 어렵습니다. 게다가 최근 70퍼센트 이상이 수도권과 광역도시, 그리고 세종시에서 태어나고 있습니다. 숫자도 20만 명대밖에 안 되는데 이들이 고향인 수도권, 광역시, 세종시를 떠나 지역에서 정착한다는 것은 실현 가능성이 매우 낮은 바람에 불과합니다.

현실이 그렇다고 해도 정부가 아무것도 하지 않으면 안되겠죠. 정부가 가장 신경 써야 할 것은 앞에서도 언급했지만 국토를 시간으로 축소시키는 일이라고 생각합니다. 과거에는 서울에서 부산까지 가는 데 차로 여섯 시간 남짓 걸렸습니다. 길이 막히지 않는데도 말이죠. 그만큼 고속도로 상황이 좋지 않았습니다. 지금은 서울과 부산의 거리가 KTX나 SRT 등 고속열차로 두 시간 반~세 시간으로 줄었습니다. 그 시간을 더 줄이는 것이 바로 국토를 시간으로 좁히는 일입니다. 여기서 국토 축소는 비단 서울을 중심으로 다른 지역과의 시간 거리만 단축하는 데 국한되지 않고, 국토 전체를 종횡으로 연결하는 시간을 단축하는 것을 의미합니다.

그렇게 되면 주민등록을 둔 곳이 서울이어도 전국적으로 활동할 수 있는 가능성이 열립니다. 지금도 서울과 부산, 서울과 제주, 서울과 대구, 서울과 광주 등은 소위 일일생활권이라고 합니다. 하지만 모두 서울을 중심으로 합니다. 서울과는 가까운데 다른 지역과의 시간 거리가 길면, 두 지역 간 교류가 생겨날 수 없습니다. 또 전국의 모든 지역에서 서울로 모였다 흩어져야 하기 때문에 서울의 중심성은 오히려 커질 수밖에 없습니다.

제가 말하는 국토 축소는 서울과의 시간 거리는 물론이고 대구와 광주, 강릉과 목포 등 국토 전체를 연결해 시간 거리를 단축하는 것입니다. 도시와 도시, 지역과 지역의 시간 거리가 가까워지면 살아가는 모습이 많이 바뀔 수 있습니다. 지금 각 지자체는 인구를 셀 때 그 지역에 주민등록을 두고 사는 사람들을 셉니다. 지역에 인구가 줄어들고, 수도권으로 인구가 집중되고 있다는 말도 주민등록상 인구를 기준으로 합니다. 그러다 보니 인구 소멸을 걱정하는 기초 지자체들이 주변 기초 지자체의 주민등록 인구를 끌어오려고 경쟁하는, 웃지 못할 일도 발생했습니다. 중앙정부와 지방정부의 수많은 정책도 이 주민등록 인구를 기준으로 마련되고 시행되어왔습니다.

전 국토의 이동 시간이 단축되면(예를 들어 국토 어디든지 두 시간 안에 갈 수 있다면), 어디에 주민등록을 두고 있는지와 관계없이 국토를 더 넓게 쓸 수 있는 가능성이 열립니다. 부산에 살더라도 광주에서 일하거나, 광주에서 살더라도 대구에 가서 일할 수 있게 만드는 것입니다. 2020년 이후 한 해에 20만여 명밖에 태어나지 않았는데 이들이 국토 전체에 고루 분포되어 사는 것은 현실적으로 불가능합니다. 서울과 다른 한두 곳을 거점으로 삼을 텐데, 그렇게 살더라도 국토를 넓게 쓰면서 일할 수 있다면, 사는 곳도, 직장도 서울 혹

은 수도권이어야 하는 현재에 비해 집중 현상이 크게 완화

될 수 있을 것입니다. 집중이 완화되면 경쟁 강도도 낮아지

게 됩니다.

　우리나라 초저출산 현상의 근본적 원인이 강도가 매우 높

은 경쟁이라고 했는데, 경쟁 강도를 낮추면 초저출산 현상

도 극복할 수 있습니다. 이 관점은 저출산 정책을 수립하는

데 함의를 제공합니다. 현재 우리나라 저출산 관련 정책의

주체는 대통령이 위원장인 '저출산고령사회위원회'지만 실

제 정책을 마련하고 실행하는 주무 부처는 보건복지부입니

다. 다른 부처들도 저출산 현상 극복을 위한 정책을 마련하

고 있지만 부수적입니다. 그런데 국토 축소 관점에서 보면

우리나라 초저출산 현상을 극복할 '키'를 쥔 부처는 보건복

지부라기보다 국토교통부라 할 수 있습니다. 국토를 시간으

로 축소하기 위해서는 도로와 교통 인프라가 매우 중요합

니다. 대부분의 사람들은 도로와 교통 인프라를 구축하는

일이 우리나라 저출산 현상 극복과 무슨 관계가 있는지 의

아해할 것입니다. 수도권 집중과 청년들의 고강도 경쟁을

낮출 수 있다면, 국토교통부처럼 다른 부처가 저출산 대응

정책의 주도권을 잡을 수 있습니다.

Q3 앞으로 AI, 빅데이터, 로봇 등 과학기술력이 더 발전할 텐데, 그러면 인구가 줄어도 생산에 별다른 문제가 없는 것 아닐까요?

—

A 인구를 수와 생산성 관점으로만 보면 틀리지 않는 말입니다. 그런데 무엇을 생산할지 생각해보면 맞는 말이라고 보기 어렵습니다.

한 나라에 일하고 소비하는 생산 가능 인구가 100명 있다고 생각해보죠. 이들은 1인당 10을 생산합니다. 그러면 총 생산량은 100×10=1,000이죠. 이 나라가 급속한 고령화와 저출산으로 이제 생산 가능 인구가 절반으로 줄어들어 50명이 되었습니다. 그런데 AI, 빅데이터, 로봇이 등장해 과거에는 2명이 해야 가능한 일을 혼자서도 충분히 할 수 있게 되었습니다. 생산성이 1인당 20이 된 것이죠. 그러면 총 생산량은 50×20=1,000입니다. 인구가 줄어도 생산성이 올라가면 노동력 부족의 문제는 해결되고 총생산량에도 변함이 없습니다.

그런데 한 나라가 부를 만들어내는 메커니즘은 이렇게 간단하지 않습니다. 각 나라가 똑같이 생산하는 것이 아니라 주로 담당하는 생산 부문이 다릅니다. 글로벌 밸류 체인이 존재하고 과학기술력을 기반으로 한 R&D가 필요한 산업이 부가가치가 높습니다. 다른 나라는 확보하지 못한 독보적인 과학기술력이 있으면 이 글로벌 밸류 체인을 좌지우지할 수 있는 위치에 서게 되고, 높은 부가가치 수익이 발생합니다. 여기서 '다른 나라는 확보하지 못했다'는 말이 중요합니다. 누구나 할 수 있는 일은 독보적일 수도, 부가가치가 높을 수도 없습니다. 그렇다면 우리나라만 AI, 빅데이터, 로봇 기술을 갖추고 있을까요? 요즘 대표적 AI 기술인 챗GPT는 전 세계에서 모두 활용하고 있죠. 빅데이터, 로봇도 마찬가지입니다. 그렇다면 우리나라뿐만 아니라 다른 나라의 생산성도 향상됩니다. 비교 우위를 점하기 어렵다는 뜻이죠. 여기에 우리나라는 인구가 줄어드는데 어떤 나라의 인구는 많다면, 생산성은 비슷한데 규모의 경제로 총생산량이 우리보다 커집니다.

우리나라의 미래가 이렇게 되기를 바라는 사람은 없습니다. 우리가 바라는 미래는 인구가 적더라도 다른 나라는 절대 따라올 수 없는 기술력으로 글로벌 밸류 체인을 선도하는 것입니다. 그러려면 AI, 빅데이터, 로봇을 활용하는 국가가 아니라 그것을 만들어내는 국가가 되어야 합니다. 그것을 만들어내기 위해서는 '사람'이 필요합니다. 평범한 사람이 아니라 창의적인 과학기술력을 갖춘 인재여야 합니다. 2030년대 이후 우리나라는 청년 인구가 너무 적어 국가와 기업의 R&D 분야를 이끌어줄 '사람'도 부족해질 것입니다.

그러므로 AI, 빅데이터, 로봇의 등장으로 생산성이 높아질 것이기 때문에 인구가 줄어도 문제없다고 생각한다면, 우리나라는 과학기술로 무장한 선진국 대열에서 제외되고 다른 개발도상국가과 비슷한 수준이 되어도 좋다고 말하는 것과 다름없습니다.

Q4 앞으로 우리나라에 일하고 소비하는 사람들이 빠르게 줄어드는 것이 '정해진 미래'라면, 그것을 극복하기 위해 더 많은 외국인 노동자를 받아들여야 한다고 말하는 사람이 많습니다. 정말로 외국인이 대규모로 들어오면 인구 관련 문제가 해결될까요? 외국인과 관련해 어떤 정책이 필요할까요?

—

A 답부터 말하자면 '절대로 아니다'입니다. 인구는 단순히 '숫자'가 아닙니다. 노동시장에서 한 명이 빠진다고 해서 다른 한 명이 반드시 충원되어야 하는 것도 아니고, 충원되

는 사람이 빠진 사람의 질적 특성을 동일하게 대체할 수도 없습니다.

우리나라는 물론이고 전 세계 모든 나라의 노동시장은 하나의 통처럼 되어 있지 않습니다. 한 국가의 노동시장은 산업군, 연령과 성별 생산성 직무와 직급에 따라 여러 갈래로 나뉩니다. 게다가 어떤 산업이 미래에도 똑같은 인력이 필요하다고 말할 수 없습니다. 과학기술의 진보로 일자리가 자동화될 수도, 그 일자리가 아예 필요 없어질 수도 있습니다. 이렇게 노동시장은 매우 복잡다단할 뿐만 아니라 오늘과 내일이 크게 달라집니다.

바로 앞 질문(Q3) 답과 연동해 생각해봅시다. 앞으로 우리나라가 추진해야 할 산업 부문은 글로벌 밸류 체인에서 선도적 역할을 할 수 있는 첨단 제조업, 소재·부품·장비 관련 산업, 바이오산업, R&D 등입니다. 만일 이 부문의 노동시장이 내국인으로 다 채워지지 않는다면 외국인 인력이 반드시 필요할 것입니다. 석박사 학위를 소지한 고학력, 고숙련 외국인이죠.

우리나라 산업군 중 당장 외국인 노동자가 필요한 분야는 무엇일까요? 아무래도 내국인, 특히 청년들이 가서 일하고 싶어 하지 않는 일반 제조업, 소위 3D(Dirty, Dangerous, Difficult) 직종에 외국인 노동자들이 필요하겠죠. 실제 정부는 현재 연간 12만여 명(코로나19 이전에 연간 6만 명 수준에서 코로나19 팬데믹 기간 중에는 입국을 제한하다 2023~2025년에 12만여 명을 받고 있음)의 외국인에게 외국인 취업 허가 비자를 내주고 있습니다. 이들은 4년 10개월간 머무를 수 있고 한 차례 연장 가능해 거의 10년간 한국에서 일합니다.

외국인 노동자 없이 운영이 불가능한 일반 제조업의 3D 산업군은 앞으로 내국인이 더 줄어들 것이 분명하니 외국인 노동자를 더 뽑아 계속 유지될 수 있도록 해야 할까요? '당연하다'는 말이 바로 나오지 않죠. 이 산업들은 글로벌 밸류체인에서 경쟁력이 높지 않아 미래 대한민국 사회의 성장과 발전에 기여할 수 있는 여지가 크지 않기 때문입니다.

이처럼 외국인 인력과 관련된 사항은 고려할 것이 매우 많습니다. 생산 가능 인구가 줄어든다 해서 기계적으로 그 숫자만큼 외국인이 들어오면 된다는 말이 틀렸다고 단언한 이유입니다. 이민정책은 미래의 한국 사회가 어떤 방향으로 가야 할지 산업과 인구의 측면 모두를 고려해 마련되어야 합니다.

앞으로 우리에게 더 필요한 외국인 인력은 우리나라 R&D 관련 산업을 함께 주도할 수 있는 사람들이어야겠죠. 그런데 이것도 쉽지 않은 일입니다. 많은 사람이 외국 인력과 관련해 착각하고 있는 점이 있습니다. 우리가 원하면 외국인은 언제든지 우리나라에 올 것이라고 생각합니다. 외국 인력이 필요한 곳은 우리나라만이 아닙니다. 이웃인 일본, 대만, 우리나라 많은 청년들도 가고 싶어 하는 미국, 캐나다, 호주가 있습니다. 또 유럽의 많은 나라도 외국 인력을 필요로 하죠. R&D 관련 산업이라면 석사나 박사 학위가 있는 사람들일 텐데, 이 사람들이 과연 한국과 미국, 캐나다, 호주, 유럽, 일본 등의 나라 중 어디를 선택할까요? 우리 청년들이 가고 싶어 하는 나라가 있다면, 다른 나라의 청년들도 다 그곳에 가고 싶어 하겠죠. 그렇게 되면 우리가 받을 수 있는 외국 청년들은 최고라 할 수 있는 톱티어top-tier 인재가 아니라 거기에 못 들어간 사람들이 되고 맙니다. 인구가 줄고 규모의 경제가 작아지면 더더욱 양보다는 질로 승부를 내야 하고, 그러기 위해 최고의 품질로 만들 수 있는 능력을 갖춘 최고의 인재가 모여야 합니다. 하지만 현재로서는 글로벌 노동시장에서 최고의 인재가 우리나라에 올 가능성은 희박해 보입니다. 따라서 우리나라의 외국인 인재 관련 정책을 재고해보고 나아가야 할 방향을 다시 설정해야 합니다.

책을 읽으면서 느끼셨겠지만, 저는 이 책을 기성세대보다 청소년 혹은 아직 사회에 본격적으로 진출하지 않은 청년들을 염두에 두고 썼습니다. 기성세대는 종종 우리나라 인구를 '문제'라고 규정합니다. 그 근거로 인구가 많아야 내수 시장이 커지고 경제 발전과 성장에 유리하다는 점을 강조합니다. 그렇기 때문에 기성세대의 '인구 문제' 해결 방법은 출산율 높이기와 외국인 유입인 경우가 많습니다.

그런데 청소년과 청년층은 인구에 다르게 접근할 필요가 있습니다. 기성세대는 인구가 늘면서 경제가 동반 성장하는 것을 직접 만들고 봐온 세대이기 때문에 인구가 줄어들면 경제가 위축된다고 여깁니다. 청년과 청소년은 태어났을 때 우리나라는 경제적으로 잘사는 나라였습니다. 그러니 인구 규모가 경제성장과 반드시 비례한다고 생각하지 않는 경향이 강하죠.

저는 청년과 청소년층에게 현재 우리나라 인구 상황은 문제이니 경각심을 심어줘야 한다는 말에 반대합니다. 만일 기성세대 말대로 인구가 문제라면 그렇게 문제 많은 국가에서 누가 후속 세대를 낳으려 하겠습니까? 또 그렇게 문제 많은 국가에 왜 외국인이 오겠습니까?

제가 이 책을 쓴 이유가 바로 여기에 있습니다. 저출산, 고령화, 수도권 인구 집중 등은 모두 인구 현상입니다. 그 현상은 한국전쟁 이후 지금까지 한국 사회가 발전해오면서 만들어낸 결과물이죠. 일하는 사람이 줄어 내수시장이 축소될 것이라는 설명이 완전히 틀리지 않았지만, 다시 사람 수를 늘려 시장을 키우는 방식만이 해결책은 아닙니다. 청소년과 청년층은 기성세대가 살아온 세상과는 크게 다른 세상을 살게 될 것입니다. 앞으로 국가 간 연결성이 더욱 강해지고 산업도 글로벌 밸류 체인이 더욱 공고해질 것입니다. 그렇게 되면 내수시장보다 글로벌 시장의 중요성은 지금보다 더욱 커집니다. 대한민국에 사는 사람 수가 줄어들 수 있지만 대한민국의 글로벌 경쟁력과 경제 및 산업적 위상은 지금보다 더 커질 수 있습니다. 이처럼 우리 후속 세대에게 시장을 국내에서 벗어나 글로벌로 확대해주는 것이 오늘날의 인구 현상에 대응하는 또 다른 선택지가 될 수 있습니다.

인구는 단순한 숫자가 아니라고 여러 번 강조했죠. 물론 인구가 지니는 규모의 경제는 매우 중요합니다. 글로벌 인구가 중요한 이유는 규모의 경제를 실현할 수 있기 때문입니다. 그런데 인구를 자신의 이해관계에 맞게 활용할 때, 수로만 보지 말고 질적 특성을 함께 고려해야 합니다. 그래야 사람들의 집합체인 인구로 이루어진 사회와 시장을 보다 잘 이해하고, 이를 바탕으로 새로운 기회를 더 잘 찾을 수 있습니다. 이 책이 우리나라는 물론이고 해외에서도 기회를 찾고자 하는 분들에게 참고서로 활용되길 바랍니다. 인구의 규모와 특징이 빠르게 변화하는 세상에서 미래를 대비하는 지혜를 찾을 때 한 번씩 들여다보고 해답의 실마리를 얻는 데 도움이 되는 책으로 말이죠.

인구는 자신이 처한 상황에 따라 다른 방식으로 읽힐 수 있습니다. 하지만 어떤 상황이더라도 인구는 미래를 준비할 때 활용하기 아주 좋은 도구입니다. 2023년 여름, 저는 서울시에서 학령인구 감소로 최초로 문을 닫게 된 도봉고 등학교 3학년 학생들에게 인구 이야기를 들려주었습니다. 이 학생들이 졸업하면 도봉고등학교는 문을 닫기 때문에 50여 명의 3학년 학생이 전교생이었고, 모두 한자리에 모여 제 인구 이야기를 들었습니다. 2024년 여름에는 강남에 있 는 숙명여자고등학교에서 학생들에게 인구 이야기를 들려 주었습니다. 이때는 주로 1, 2학년 학생 가운데 인구를 알고 싶어 자발적으로 모인 120여 명의 학생이 청중이었습니다. 나중에 들어보니 숙명여자고등학교는 한 학년이 14학급이 나 되더군요. 도봉고등학교와 숙명여자고등학교는 인구 측 면에서 볼 때 처한 상황이 너무 달랐습니다. 한쪽은 학교가 없어질 정도로 학생이 없고, 다른 한쪽은 경쟁이 치열할 수 밖에 없을 만큼 학생이 많았죠. 이렇게 다른 상황이어도, 제 가 학생들에게 전달한 메시지는 동일했습니다. 인구를 활용 할 수 있어야 하고, 우리가 살펴봐야 할 인구는 도봉구나 강 남구만이 아니라 글로벌 인구라는 점을 강조했습니다.

다행히 두 학교 학생들 모두 제 강연을 아주 흥미롭게 들 었고, 강연 후에는 시간이 부족해 다 받지 못할 만큼 많은 질문이 쏟아졌습니다. 다양한 질문이 나왔지만 결은 대부분

같았습니다. 미래의 기회를 만들어가고 싶은 열정이 묻어나는 질문이었죠. 기성세대에게서는 잘 나오지 않는 질문들이었습니다. 이 책 각 장 말미에 소개한 Q&A가 바로 그것입니다. 저는 이 학생들과 질문을 주고받으며 우리나라의 밝은 미래를 보았습니다. 우리나라의 미래가 기성세대의 걱정처럼 저출산, 고령화, 그리고 수도권 인구 집중 때문에 어둡기만 하지 않다는 확신도 갖게 되었고요. 이 책을 읽은 독자들도 저와 같은 생각을 하시길 진심으로 희망합니다.

우리 후속 세대가 살아갈 세상은 부모 세대가 살아온 세상과는 완전히 다른 만큼 후속 세대의 미래는 부모의 과거 경험에 맞춰 설계되어서는 안 되고, 변화될 미래 사회에 맞춰 직접 계획해야 합니다. 대한민국의 후속 세대가 앞으로 글로벌 시장에서 맹활약하는 모습을 그려봅니다.

끝으로 이 책을 완성하는 데 내용을 구성하고 편집해준 서울대학교 인구정책연구센터의 김도윤 연구원에게 감사하다는 말씀을 드립니다. 또 제 인구학적 지식과 관점에 누구도 대체할 수 없는 학술적 토대를 제공해주는 서울대학교 인구정책연구센터와 보건대학원 인구학 연구실 구성원 모두에게 존경과 감사를 표합니다.

1장 인구를 알면 미래가 열린다

1   통계청, 〈인구동향조사〉, '출생아 수, 합계 출산율, 자연 증가 등', 2023.
    https://kosis.kr/statHtml/statHtml.do?orgId=101&tblId=INH_1B8000F_01&conn_
    path=I2

2   통계청, 〈인구동향조사〉, '시군구/성/연령(1세)별 주민등록 연앙인구', 2023.
    https://kosis.kr/statHtml/statHtml.do?orgId=101&tblId=DT_1B040M1&conn_
    path=I2

3   같은 자료.

4   통계청, 〈인구동향조사〉, '출생아 수, 합계 출산율, 자연 증가 등', 2023.
    https://kosis.kr/statHtml/statHtml.do?orgId=101&tblId=INH_1B8000F_01&conn_
    path=I2

5   〈KBS 9시 뉴스〉, '2021년부터 인구 감소', 1998년 11월 16일.

6   서울대학교 인구정책연구센터, 《대한민국 인구 추계》, 2021.

7   데이비드 로웬덜, 김종원 역, 《과거는 낯선 나라다》, 개마고원, 2006(원서 출판: 1985).

8   통계청, 〈인구동향조사〉, '출생아 수, 합계 출산율, 자연 증가 등', 2023.
    https://kosis.kr/statHtml/statHtml.do?orgId=101&tblId=INH_1B8000F_01&conn_
    path=I2

9   한국섬유산업연합회, *Korea Fashion Market Trend: 2022*, 2022.

https://www.fashionnet.or.kr/research-report/101013

10 한국노동패널조사, 〈한국노동패널조사〉, 1998~2022.
https://www.kli.re.kr/klips

11 통계청, 〈인구동향조사〉, '혼인 건수, 조혼인율', 2023. https://kosis.kr/statHtml/statHtml.do?orgId=101&tblId=INH_1B8000F_03&conn_path=I2

12 한국교육개발원, 〈교육통계연보〉, 1964~2024.

13 서울대학교 인구정책연구센터, 대한민국 인구추계(25~34세 내국인 인구의 수 변화), 2021.

14 조영태, '밝은 미래 vs. 어두운 미래: 의료계와 법조계', 〈법률신문〉, 2023년 1월 2일 자.

15 대한변호사협회, '변호사 등록 통계', 2024.
https://www.koreanbar.or.kr/pages/introduce/stat.asp

16 통계청, 〈장래인구추계〉, '성 및 연령별 추계 인구(1세별, 5세별)/전국', 2023.
https://kosis.kr/statHtml/statHtml.do?orgId=101&tblId=DT_1BPA001&conn_path=I2

17 보건복지부, 〈인구학적 접근을 통한 보건복지 정책 수요 예측 연구〉, 2023.

18 허지원, '비혼과 비출산은 어쩌면 잠시 쉬어가는 방식', 조영태 외, 《초저출산은 왜 생겼을까?》, 김영사, 2024.

19 World Bank, (n.d.), *GDP per capita (current US$) – Korea, Rep., Viet Nam*, World Bank national accounts data, and OECD National Accounts data files, Retrieved from https://data.worldbank.org/indicator/NY.GDP.PCAP.CD?locations=KR-VN

20 대외경제정책연구원, 〈베트남 온라인 교육 시장 현황 및 전망〉, 2024년 2월 22일.

21 KDI 경제정보센터, 〈글로벌 비즈니스 리포트〉, 2024년 10월.
https://eiec.kdi.re.kr/publish/columnView.do?cidx=14917&ccode=&pp=20&pg=&sel_year=2024&sel_month=10

22 굿모닝베트남, '사교육 투자: 코비드에도 연평균 성장률 최대 11%, 수십억 달러 규모의 매력적인 시장', 2021, Retrieved from http://www.goodmorningvietnam.co.kr/news/article.html?no=44213

2장 글로벌 쓰나미가 온다

1 통계청, 〈인구동향조사〉, '시군구/성/연령(1세)별 주민등록 연앙인구', 2023.
https://kosis.kr/statHtml/statHtml.do?orgId=101&tblId=DT_1B040M1&conn_path=I2

2   United Nations, Population by single age, United Nations, Department of Economic and Social Affairs, Population Division, 2020. Retrieved from https://population.un.org/wpp/Download/Standard/Population

3   한국무역협회, 〈인도네시아, 몰Mall을 통해 알아보는 프리미엄 소비문화〉, 2021년 5월 18일. Retrieved from https://www.kita.net/board/totalTradeNews/totalTradeNewsDetail.do?no=63354

3장 인구학을 왜 알아야 할까?

1   토머스 로버트 맬서스, 이서행 옮김, 《인구론》, 동서문화사, 2016(원서 출판 1798년).

2   조영태, 《정해진 미래》, 북스톤, 2016.

3   장구, '콜라, 딸기우유, 탕후루가 저출산 원인?', 조영태 외, 《초저출산은 왜 생겼을까?》, 김영사, 2024.

4   고우림, 〈출산력에 대한 융합적 탐구: 인구밀도와 편중 분포를 중심으로〉, 서울대학교 대학원, 2021.

5   서울대학교 인구정책연구센터, 한국국토정보공사 공간정보연구원, 〈공간 정보 기반의 생활인구 분석 및 활용 방안 연구〉, 2023.